Monnaies
et
Médailles

PAR

Fr. LENORMANT

MONNAIES

ET

MÉDAILLES

PAR

FR. LENORMANT

Marius Michel, del.

MONNAIES

ET

MÉDAILLES

PAR

FR. LENORMANT

DE L'INSTITUT

PARIS

A. QUANTIN, IMPRIMEUR-ÉDITEUR

7, RUE SAINT-BENOÎT

PRÉFACE

Ce volume ne réclame pas une longue préface.

La numismatique est une des branches de la science des antiquités qui ont été le plus cultivées depuis la Renaissance. Il n'en est pas dont les problèmes aient été plus profondément creusés, et cela par des esprits de premier ordre. Les ouvrages et les recueils qui lui ont été consacrés depuis près de quatre siècles forment à eux seuls une véritable bibliothèque. Encore aujourd'hui, il n'est pas de rameau de l'archéologie qui compte plus de savants adonnés à son étude, ni plus d'amateurs recueillant ses monuments avec un soin jaloux.

Pourtant ce que j'essaye aujourd'hui : résumer sous une forme abrégée et qui s'adresse, non plus aux spécialistes, mais au grand public, l'histoire des monnaies et médailles envisagée au point de vue de l'art dans l'antiquité, le moyen âge et les temps modernes, est, par certains côtés, une tentative nouvelle et sans précédents.

En effet, la variété infinie des faits et des monuments dont la recherche érudite et l'étude critique constituent la numismatique, a semblé jusqu'à présent un obstacle insurmontable aux généralisations. Les efforts se sont portés principalement vers les travaux de détail, l'observation des faits en eux-mêmes et leur interprétation séparée. Le seul traité général sur la numismatique de l'antiquité, l'immortelle *Doctrina numorum veterum* d'Eckhel, a été composé dans un temps où Winckelmann venait à peine de révéler qu'il y avait une histoire de l'art et qu'on pouvait la reconstituer. Depuis lors, malgré l'énorme multiplication des travaux des numismatistes, personne n'a repris sa tâche et surtout comblé la lacune qu'à cet égard présentait son livre. A plus forte raison, personne n'a cherché à réunir dans une même vue d'ensemble l'histoire de l'art monétaire aux diverses époques, depuis ses origines dans l'antiquité jusqu'à nos jours.

Dans un livre qui résume plusieurs années de leçons professées dans la chaire d'archéologie près la Bibliothèque nationale et dont la publication n'est pas encore terminée, j'ai tenté une synthèse d'un plan nouveau, en m'efforçant de traiter d'une manière générale de *La Monnaie dans l'antiquité* au point de vue de l'économie politique, du droit, des institutions, des vicissitudes de son rôle financier et des événements politiques. J'ai cherché à y coordonner d'une manière méthodique les faits établis par les maîtres de la science, en y joignant les fruits d'une expérience personnelle d'un quart de siècle, pendant lequel je n'ai jamais cessé de manier des médailles. J'esquisse, dans les pages qui vont suivre, une synthèse du même genre au point de vue de l'art, mais cette fois sans la restreindre à l'antiquité. Y aurai-je réussi ? J'ose à peine l'espérer, mais ce sera déjà quelque chose que de l'avoir tentée.

Tout naturellement, mon sujet se divisait en deux parties : l'antiquité, puis le moyen âge, la renaissance et les temps modernes. Ce n'est pas seulement l'histoire qui imposait cette division, en séparant les deux grandes périodes de floraison de l'art des monnaies et médailles, dignes d'être mises en balance sur un pied d'égalité presque parfaite, par un long intervalle de temps et par l'hiatus de siècles d'une véritable barbarie. Entre ces deux périodes il y a une différence profonde, qui oblige à les traiter d'une manière différente.

L'antiquité n'a connu que la monnaie destinée à la circulation et aux échanges. Ce que nous appelons les médailles lui est resté inconnu. C'est dans les types des espèces courantes, variés à l'infini, que les graveurs monétaires du monde grec ou romain se sont attachés à développer toutes les ressources de leur art et à créer des chefs-d'œuvre sans rivaux.

C'est là qu'ils ont multiplié les représentations
religieuses, les allusions plus ou moins directes aux
faits historiques, les reproductions des plus grandes
œuvres de la sculpture ou de la peinture. Au contraire, l'Italie du xv° siècle a conçu la médaille,
œuvre d'art en soi, ou monument commémoratif,
comme une chose spéciale, existant par elle-même
et ayant sa destination propre, indépendamment des
espèces monétaires circulantes. Et nous sommes
demeurés jusqu'à ce jour les héritiers de la conception et de la distinction créées par les médailleurs
Italiens de la renaissance.

Celui qui fait l'histoire de l'art du graveur monétaire dans l'antiquité n'a donc, à de bien rares excep-
tions près, à s'occuper que des monnaies. Mais à
partir du xv° siècle ce sont les médailles qui doivent
l'occuper avant tout. Elles constituent la plus haute
expression de cette noble branche de l'art, tandis
que les monnaies n'ont plus qu'un intérêt très secondaire et une valeur plastique médiocre.

MONNAIES ET MÉDAILLES

PREMIÈRE PARTIE
L'ANTIQUITÉ

CHAPITRE PREMIER

ORIGINE ET PROPAGATION DE L'ART MONÉTAIRE

Lorsque des relations d'échanges un peu suivies commencèrent à s'établir entre les différents peuples dont la famille humaine avait couvert les territoires du monde ancien, les qualités propres des métaux précieux, leur densité et leur solidité les firent, au bout de peu de temps, adopter comme l'instrument commun des transactions, comme le moyen d'échanges le plus commode et le plus sûr. Cet emploi des métaux est un des caractères essentiels de la grande civilisation.

Mais on s'en servit pendant bien des siècles purement et simplement comme de toute autre marchandise, c'est-à-dire en les pesant à chaque fois et en les conservant, soit en lingots plus ou moins réguliers, soit sous la forme de bijoux ou d'ustensiles. De grands et floris-

sants empires, comme ceux de l'Égypte, de la Chaldée
et de l'Assyrie, ont traversé des milliers d'années d'existence dans la richesse et la prospérité, avec des relations
commerciales aussi étendues qu'ont jamais pu l'être
celles d'aucun peuple de l'antiquité, en se servant
constamment des métaux précieux dans les affaires de
négoce, mais en ignorant absolument l'usage de la
monnaie. Les habitants de ces empires employaient à
leurs échanges des lingots de métal de formes variables,
sans marque qui en assurât au nom d'une autorité
publique l'exactitude de poids et la pureté de titre, et
l'on pesait ces lingots à chaque transaction. En effet,
une certaine quantité de métal représentait une valeur
fixe, et cette quantité de métal était réglée d'après
l'échelle pondérale en usage chez les différents peuples.
Par exemple, dans l'Asie sémitique, le sicle n'était pas
encore une monnaie, mais un poids, et l'estimation des
choses se faisait par une quantité d'or ou d'argent brut
d'un certain nombre de sicles pondéraux.

Forcément, dès qu'il y avait eu progrès dans la
civilisation, et à mesure que les échanges commerciaux
avaient pris un plus grand développement, on avait
cessé de laisser le métal sous la forme première où l'on
s'en était servi d'abord, dans un état de barbarie encore
grande, sous la forme de morceaux irréguliers comme
figure et comme poids. La nécessité des choses, le
besoin d'une plus grande commodité dans les transactions, avaient amené à donner des poids exacts et fixes
aux lingots employés dans les échanges. C'était déjà
quelque chose d'assez gênant que d'être obligé de
recourir à la balance lors de chaque transaction, quelque

minime qu'elle fût, pour s'assurer de l'exactitude du
poids de ces lingots. S'il avait fallu à chaque fois les
couper, les rogner, y ajouter ou en retrancher une
petite quantité pour en parfaire un poids exact, une
aussi grossière imperfection de l'instrument matériel
de la mécanique de l'échange eût constitué l'obstacle le
plus fâcheux à la réalisation des opérations commer-

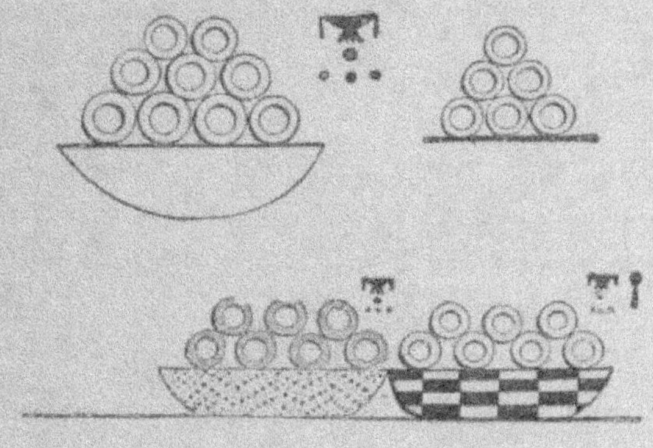

FIG. 1.
ANNEAUX D'OR ET D'ARGENT SERVANT AUX ÉCHANGES
DANS L'ÉGYPTE ANTIQUE.

ciales. Le développement en eût été entravé et arrêté
par là de la manière la plus sensible. Aussi, bien que
l'on n'eût pas encore eu l'idée, qui nous paraît pourtant
si simple, de faire appliquer aux morceaux de métal
par la puissance publique une empreinte inspirant
assez de confiance pour les faire accepter de tous à
leur valeur nominale, partout où il y avait civilisation
réelle et développement des échanges, les lingots métal-

liques destinés à la circulation étaient déjà fabriqués
d'après les données d'une échelle pondérale exacte.

De plus, en leur donnant des poids précis et réguliers, l'utilité pratique avait conduit à préférer les ramener à des tailles assez faibles pour représenter des
valeurs minimes. C'était, en effet, le seul moyen de les

FIG. 3.
PESÉE DES ANNEAUX DE MÉTAL DONNÉS EN PAYEMENT.
PEINTURE ÉGYPTIENNE.

faire servir efficacement dans les transactions journa-
lières. Il était facile de faire de grosses sommes, se
comptant par talents et par mines, soit en accumulant
en nombre des lingots de poids faible, soit en employant
dans les payements les barres d'or et d'argent, telles
qu'elles arrivaient des districts miniers pour être mises
en œuvre par les orfèvres. Ce qui était indispensable

pour la vie de chaque jour et pour les transactions ordinaires, c'était d'avoir tout prêts de petits lingots des poids divisionnaires inférieurs, pouvant servir aux achats les plus simples, aux petits payements. On connut donc, bien longtemps avant qu'il y eût proprement de monnaie, des formes particulières, des tailles pondérales exactes et assez faibles, données spécialement à l'or, à l'argent et même au cuivre, pour servir dans les échanges. Les petits lingots de poids fixe, préparés comme je viens de le dire, constituaient dans toutes les civilisations orientales de la haute antiquité, antérieurement à l'invention de la monnaie véritable et complète, une forme de numéraire créée en vue de l'objet spécial de la circulation commerciale et de la réalisation des échanges.

L'innovation féconde, la véritable invention de génie qui transforma en monnaie ce numéraire encore si imparfait, fut la création de l'empreinte officielle apposée aux morceaux de métal de poids régulier, mis entre les mains du public comme signes des valeurs et instruments des échanges. On fut ainsi, comme le dit Aristote, « délivré de l'embarras de continuels mesurages »; la garantie que l'État donnait par cette empreinte au poids et au titre des espèces métalliques y introduisit la part de caractère fiduciaire qui est de l'essence même de toute monnaie, même de la meilleure, de celle dont la valeur intrinsèque coïncide le plus exactement avec la valeur nominale. Car c'est la foi qu'inspire le gouvernement qui intervient en marquant la monnaie de son empreinte ou type; c'est cette foi qui fait recevoir les espèces sans contrôle et au pair

de leur valeur d'émission. En même temps, le service
ainsi rendu aux transactions permit à l'autorité publique
d'attribuer à la monnaie le cours légal, qui ne pouvait
pas appartenir aux lingots non garantis de l'époque
antérieure; autrement dit, il lui donna le droit légitime
d'interdire sous la sanction de pénalités, partout où
s'étendait son pouvoir, de refuser sa monnaie, le droit
d'obliger à la recevoir, droit qui n'est vraiment légitime
qu'à la condition que la monnaie soit bonne et loyale,
et qui n'est même effectif qu'à cette condition. Car
aucune disposition de loi, quelque sévère qu'elle soit,
ne peut aller à l'encontre de la force irrésistible des
choses, en empêchant la rapide dépréciation d'un numéraire de mauvais aloi, dont la valeur nominale s'écarte
trop de sa valeur effective.

Voilà en quoi consista l'invention de la monnaie
proprement dite et le progrès qu'elle réalisa sur l'état
de choses précédent. Cette invention fut tardive,
car elle ne se réalisa que vers le commencement du
viie siècle avant l'ère chrétienne, et l'honneur, comme
toute l'antiquité classique l'a reconnu, n'en peut être
disputé qu'entre les Grecs ou les Lydiens, c'est-à-dire
entre deux peuples voisins l'un de l'autre, presque frères
par le sang et appartenant au monde gréco-pélasgique.
Avant eux, on n'en rencontre la trace nulle part, et dans
tout le monde antique, depuis les Colonnes d'Hercule
jusqu'au delà du Gange, l'usage de la monnaie a été
répandu par l'influence de l'hellénisme à des dates et
par des voies que l'on peut déterminer historiquement.

Ce que j'affirme ici n'est pas une hypothèse, mais
un fait positif. Les plus anciens monuments numisma-

tiques, ceux qui représentent certainement les débuts
mêmes de la fabrication monétaire, sont grecs et lydiens, et aucun d'entre eux ne peut être tenu pour
remontant au delà de la fin du viiie siècle. En même
temps, le déchiffrement des hiéroglyphes égyptiens et
de l'écriture cunéiforme des riverains de l'Euphrate et
du Tigre, les deux plus grandes conquêtes de notre
siècle dans le domaine des sciences historiques et philo-
logiques, révèlent dès à présent une masse de faits assez
considérables pour permettre de rétablir au moins les
traits essentiels du tableau de la circulation métallique
dans les civilisations orientales de la haute antiquité,
avant l'invention de la monnaie.

De nos jours encore, la Chine nous offre des faits
tout à fait analogues à ceux que l'on a pu constater de
cette manière. Le cuivre en sapèques y est la seule
monnaie marquée d'une empreinte officielle, ayant
cours légal. Elle ne représente que des valeurs infiniment petites. Mais à côté de l'emploi de cette monnaie,
il y a une grande circulation d'or et d'argent, d'argent
surtout, en lingots, à l'état de marchandise. C'est avec
ces lingots que s'opèrent la plupart des transactions
commerciales dès qu'elles ont quelque importance, et
non par le moyen de la monnaie de cuivre, beaucoup
trop encombrante et difficile à transporter. Pour la
commodité du commerce, auquel ils servent d'instrument habituel d'échange, on donne à ces lingots des
poids exacts et suivant une échelle régulière, d'un
demi à dix taëls en or, d'un demi à cent taëls en
argent. Mais leur circulation et leur acceptation n'ont
aucun caractère légal et obligatoire. L'autorité publique

n'a point à y intervenir et ne leur donne aucune garantie. Ces lingots ne portent aucune empreinte, si ce n'est, en certains cas, un poinçonnement individuel, simple marque d'origine et de fabrique qui, quelquefois, inspire assez de confiance pour dispenser de la vérification du titre du métal, lorsque c'est celle d'un négociant assez honorablement connu. La facilité avec laquelle on accepte le lingot à tel ou tel poinçon tient entièrement au crédit personnel de celui qui l'a marqué.

Chez les anciens, les premières monnaies ont été de simples lingots poinçonnés officiellement de la même manière que ceux qui circulent en Chine le sont par des particuliers. Nous en possédons quelques-unes qui ne sont pas autre chose. Mais on ne fut pas longtemps à reconnaître que, puisque la monnaie devait sa nature spéciale et son caractère privilégié à l'empreinte dont la revêtait l'autorité publique, il y avait un intérêt majeur à donner à cette marque le plus d'importance possible, à la développer pour la rendre plus apparente, afin que personne ne pût la méconnaître. C'est ainsi que l'on se trouva conduit à remplacer par un véritable type, occupant toute une des faces de la pièce, le poinçon d'abord très restreint. Dès lors on s'aperçut que, comme toujours, l'utilité fournissait une occasion de beau, que la monnaie marquée d'une type développé pouvait devenir un objet d'art, se prêtait aux combinaisons du goût décoratif. Le poinçon avait été d'abord enfoncé en creux dans le lingot; un sentiment esthétique naturel fit comprendre que le type serait plus visible et offrirait un aspect bien plus satisfaisant à l'œil en faisant saillie au-dessus de la surface du flan monétaire. Depuis longtemps déjà, les peuples civilisés de l'Asie pratiquaient la gravure en intaille sur pierres dures ou sur métal, afin d'en obtenir ensuite des empreintes en relief sur les matières molles dont on se servait pour sceller, et les Grecs de très bonne heure avaient suivi leur exemple avec une habileté qui avait été toujours croissant. On s'étudia à donner au type monétaire obtenu sur le métal par le procédé de la fonte ou par celui de la frappe le même aspect qu'au cachet en relief produit sur la cire ou sur l'argile humide avec une pierre gravée en creux. On chercha les procédés qui permissent d'exécuter des coins-matrices pouvant obtenir un effet semblable sur le petit lingot de métal que l'on transformait en monnaie. Et les règles de goût que l'on avait reconnues comme les meilleures à appliquer dans la composition des intailles sur pierres dures devinrent celles auxquelles on se conforma pour la composition et l'exécution des coins monétaires. C'est ainsi qu'une nécessité commerciale et un progrès économique donnèrent naissance à une branche nouvelle de l'art, celle de la gravure en monnaies.

Le lexicographe Pollux, dont les indications sont en général d'une remarquable sûreté, qui a puisé aux meilleures sources et qui, d'une foule d'auteurs aujourd'hui perdus, a su tirer tant de renseignements en faisant un choix souvent fort judicieux dans ses autorités, le lexicographe Pollux, en présence des données contradictoires qu'il lisait chez les historiens anciens, dit qu'il est bien difficile « de résoudre la question de savoir si Phidon l'Argien a été le premier à frapper monnaie, ou si ce sont les Lydiens ». Nous éprouvons encore aujourd'hui le même embarras.

En effet, il existe dans l'antiquité deux traditions divergentes sur l'invention de la monnaie, toutes deux ayant pour elles des autorités du plus grand poids. Pour les uns, les premières monnaies furent celles que Phidon, roi d'Argos, fit frapper au type de la tortue dans l'île d'Égine dont il était le maître. C'est la donnée qui avait le plus généralement cours chez les Grecs. La réalité historique du monnayage d'argent de Phidon à Égine et du fait qu'il avait été le premier dans la Grèce européenne était attestée jusqu'à une époque tardive par la conservation d'une offrande faite à l'Héraion par le célèbre roi d'Argos. C'était une certaine quantité de lingots d'argent de forme allongée et sans empreinte, appelés *obeliskoi*, tels qu'ils servaient avant lui aux échanges parmi les Grecs ; il les avait dédiés en souvenir de son invention. Mais, d'un autre côté, Hérodote dit : « Les premiers, parmi les hommes, à notre connaissance, les Lydiens ont frappé des monnaies d'or et d'argent ». Xénophane de Colophon affirmait le même fait et les pièces d'or de Gygès, *Gygadas khrysos*, étaient connus comme une monnaie antique des auteurs qu'extrayait Pollux, au même titre que les statères de Crésus, *kroiseioi statères*.

On est en droit aujourd'hui d'affirmer que ces deux traditions ont une base réelle et se rapportent à deux faits distincts : la fabrication de la première monnaie d'or par les rois de Lydie et celle de la première monnaie d'argent à Égine par les ordres de Phidon. Mais de ces deux fabrications monétaires également incontes-

tables, à laquelle appartient la priorité ? La question est
d'autant plus difficile que, si nous pouvons placer d'une
manière presque assurée le début du monnayage d'or de
la Lydie à l'avénement de la dynastie des Mermnades,
dans la première partie du viie siècle avant l'ère chrétienne, l'époque de Phidon d'Argos reste dans une
entière incertitude. On ne saurait dire d'après le témoignage des historiens, en
présence de leurs con-
tradictions, s'il a été
antérieur ou postérieur
à Gygès.

Ce sont les monu-
ments monétaires eux-
mêmes qu'il faut ici
consulter. Il est incon-
testable qu'aucune des
séries numismatiques

FIG. 3.
MONNAIE D'ARGENT PRIMITIVE
DE L'ÎLE D'ÉGINE.

de l'antiquité ne présente de spécimens qui forment la
tête de la suite des pièces d'argent d'Égine et de celle
des pièces d'électrum des rois de Lydie. Que l'on prenne,
d'un côté, les statères d'argent[1] au type de la tortue de
mer, dont le poids s'élève un peu au-dessus de 12 gram-

1. L'unité monétaire des Grecs était, en argent, la drachme,
divisée en six oboles. Deux drachmes faisaient un didrachme ou
statère d'argent, quatre un tétradrachme. En or, l'unité était le
statère, pesant deux fois la drachme d'argent et divisé en sixièmes
ou hektai.

Il y avait pour la drachme un assez grand nombre d'éta-
lons différents; celle d'Athènes valait, *en poids de métal*, environ
90 centimes de notre monnaie. Il faut multiplier ce chiffre cinq
ou six fois pour estimer sa valeur effective.

mes 60 et dont le flan, au lieu d'être plus ou moins
circulaire, a encore la forme allongée des *obeliskoi* de
l'âge antérieur; de l'autre, les premières monnaies d'or
lydiennes de l'alliage d'or et d'argent appelé electrum,
en forme de lingot ovoïde un peu aplati sur les côtés,
qui n'ont pas encore de type au droit, mais seulement
une surface striée et dont le revers offre, profondément
marquée en creux, l'empreinte de trois poinçons régulièrement dis-
posés, dans
l'un desquels
on distingue le
renard du
grand dieu de
la Lydie, Bas-
sareus. Il n'y
a pas moyen

FIG. 4.
STATÈRE PRIMITIF D'ÉLECTRUM
DES ROIS DE LYDIE.

de douter qu'avec ces pièces on ne se trouve en présence des monuments vraiment primitifs de l'art du
monnayage. Les uns et les autres appartiennent sans
contestation à la première moitié du vii* siècle avant
l'ère chrétienne. Qu'ils soient d'Égine ou de Lydie, ils
dépassent en antiquité les plus vieilles monnaies de
toutes les autres contrées. Mais on éprouve encore une
certaine hésitation quand il s'agit de décider, entre les
deux groupes de pièces, quel est le plus ancien. Le flan,
ou pour parler plus exactement, le lingot d'électrum
lydien est fondu avec une forme bien plus régulière que
celui des statères d'argent éginètes; les poinçons du
revers des pièces de Gygès sont gravés plus finement
et d'un art plus avancé, plus maître de lui-même que

celui du coin des pièces de Phidon. Les plus anciennes espèces d'Égine ont donc une apparence de grossièreté primitive qui pourrait, au premier abord, induire à croire qu'elles ont précédé celles de la Lydie. Mais il est difficile de s'arrêter à cet aspect plus grossier, à ces indices d'un art moins sûr, car il suffit pour l'expliquer de l'avance incontestable qu'à cette période historique l'Asie Mineure avait sur la Grèce proprement dite en fait de civilisation et de culture des arts.

Ce qui est plus grave, ce qui doit primer les considérations de grossièreté plus ou moins grande dans l'exécution artistique, c'est que les pièces qui ouvrent la série royale de Lydie sont bien moins complétement que celles qui commencent la série d'Égine des monnaies remplissant toutes les conditions qui constituaient dans l'antiquité la forme extérieure du numéraire. Elles représentent la transition entre l'ancienne forme de la circulation métallique de l'Asie par des lingots de poids exact, mais sans empreinte officielle, et la monnaie proprement dite. Ce sont des lingots poinçonnés par l'autorité publique, de manière à leur donner cours légal, en garantissant leur poids et leur titre. Au point de vue économique, c'est donc déjà de la monnaie; ils en ont les caractères essentiels. Mais, au point de vue de la forme et des procédés de fabrication, l'invention du coin-matrice donnant un type en relief constituera un progrès capital qui reste encore à accomplir et qui ouvrira une nouvelle période dans l'histoire du monnayage. Toute monnaie qui offrira la réalisation de ce progrès devra, quelle que soit la rudesse de son travail, être considérée comme postérieure, puisqu'elle appar-

tiendra à un nouveau stage de l'art du monnayeur. Or
tel est le cas des plus anciens statères d'argent d'Égine.
Bien que plus irréguliers de forme, ils sont plus proprement des monnaies, puisqu'au poinçon en creux du
revers ils opposent le type en relief produit par le coin-
matrice, encore inconnu au temps de la fabrication de
l'électrum de Gygès.

C'est donc Hérodote qui semble avoir raison quand
il rapporte aux Lydiens la gloire de l'invention de la
monnaie. Quant à Phidon d'Argos, dans l'établissement
de son atelier à Égine, le mérite qui paraît devoir lui
être reconnu, c'est d'avoir le premier en Grèce apprécié
la valeur de l'invention que les Mermnades venaient de
consommer en Lydie et d'avoir ainsi doté l'Hellade de
sa première monnaie nationale. C'est aussi d'avoir été
le premier à monnayer l'argent, tandis que l'Asie Mineure n'avait encore frappé de pièces qu'en électrum.
Par là, il contribua beaucoup à populariser et à répandre
l'usage de la monnaie, puisqu'en lui permettant de
représenter de plus minimes valeurs, il l'associa davantage aux habitudes de la vie, en même temps qu'il
créait la forme de numéraire qui demeura toujours pour
les Grecs l'étalon de la valeur des choses, le numéraire
d'argent.

De ses deux foyers primitifs de la Lydie et d'Égine,
l'usage de la monnaie une fois inventé rayonna rapidement dans toutes les parties du monde hellénique:
de la Lydie dans les villes grecques qui jalonnaient la
côte occidentale de l'Asie Mineure et de là, en franchis-
sant la mer, sur le littoral de la Thrace et de la Macé-

doine; d'Égine dans toutes les parties de la Grèce continentale. Dès le milieu du vıᵉ siècle, il n'y avait pas un pays où les Grecs fussent établis dans lequel ils ne possédassent leur monnaie.

C'est des rois lydiens qu'ils venaient de détrôner que les Perses prirent le modèle de leurs dariques. Au reste, l'usage de la monnaie ne se propagea que fort imparfaitement dans les provinces intérieures de l'empire. Tant que régnèrent les Achéménides, la monnaie fut surtout répandue, parmi les contrées soumises à leur sceptre, dans celles qui entretenaient avec les Grecs des rapports journaliers. Dans les provinces plus reculées au milieu des terres, l'emploi du numéraire monnayé s'était très incomplètement naturalisé et la masse principale des métaux servant aux échanges circulait toujours au poids, à l'état brut, comme du temps des empires plus anciens de Ninive et de Babylone. C'est en grande partie pour les services gouvernementaux, particulièrement pour la destination spéciale de la solde militaire, qu'ont été frappées les monnaies royales des Achéménides, l'or pour l'armée de terre et l'argent pour la flotte, car des textes et d'autres indications positives nous attestent que chacun des deux métaux était affecté d'une manière spéciale au service de l'armée et de la marine, composées presque entièrement de mercenaires ou de simples vassaux, dont il fallait s'assurer la fidélité par de gros gages.

Chez les Phéniciens, d'après les monuments parvenus jusqu'à nous, les émissions monétaires les plus anciennes semblent commencer vers le temps des guerres médiques, lorsque les relations maritimes avec les contrées grecques, quelque temps ralenties, reprirent un caractère plus fréquent. En Égypte, le premier qui battit monnaie, et cela pour l'usage des commerçants grecs et phéniciens de Memphis et de Naucratis, non pour celui des indigènes, fut le satrape Aryandès, que Dareios punit de mort dans des circonstances encore assez obscures, mais ayant trait à son monnayage.

En Italie, ce fut aussi l'influence des Grecs et de leurs nombreux établissements qui fit connaître et adopter par les peuples indigènes l'emploi du signe monétaire dans leurs opérations de négoce. Les premiers essais de monnayage des Étrusques paraissent dus à l'imitation de pièces de l'Asie Mineure et aux relations avec la colonie grecque de Pise; mais la constitution définitive d'une monnaie d'or et d'argent, accompagnée d'un *æs grave signatum* coulé, n'eut lieu en Étrurie que sur le modèle de ce qui se faisait chez les Grecs de Sicile et dans le siècle qui suivit la collision des deux flottes étrusque et syracusaine sous Hiéron Ier. L'as *libralis* romain est une imitation de l'*æs grave* étrusque, avec une certaine influence de l'art monétaire des Grecs de Cumes et de la Sicile.

Les colonies grecques portèrent jusqu'au fond du Pont-Euxin l'usage de la monnaie; mais il ne paraît pas s'être jamais beaucoup généralisé parmi les peuples barbares de ces contrées. Dans tout le bassin du Danube, le monnayage des nations indigènes se compose d'imitations grossières des monnaies grecques qu'y apportait le commerce, principalement de pièces de Philippe de Macédoine, ou d'Alexandre le Grand et de tétradrachmes de l'île de Thasos. En Gaule également, la fabrication monétaire commence par des copies des pièces grecques introduites par la voie de Massalie ou de celles que fabriquaient les colonies helléniques de Rhoda et d'Emporia, dans le nord de l'Espagne; l'imitation des deniers romains s'y joint ensuite.

Quant aux Carthaginois, c'est seulement le contact prolongé avec les Grecs de Sicile qui les décida à fabriquer des monnaies et à en adopter l'usage, étranger aux traditions antiques de la Phénicie, leur mère patrie. Leurs premières pièces furent frappées en Sicile, d'après les systèmes monétaires siciliens, pour circuler exclusivement dans l'île et y subvenir aux nécessités militaires. Même après la création de ce monnayage siculo-punique, il se passa un certain temps encore avant que Carthage en vînt à émettre sur le continent africain une monnaie taillée d'après le système pondéral qu'elle devait à ses fondateurs phéniciens.

A l'orient et au sud de l'Asie, dans la Bactriane et dans l'Inde, ce furent les conquêtes d'Alexandre qui portèrent avec la civilisation grecque l'usage de la monnaie; nulle trace d'un semblable procédé d'échange ne se révèle dans ces pays avant l'arrivée des Grecs, et les monnaies nationales se rattachent par des signes incontestables aux modèles que les artistes hellènes avaient laissés, aussi bien qu'aux systèmes monétaires de la Grèce. La monarchie des Séleucides et son influence propagèrent l'art monétaire dans la Characène, dans une portion de l'Arabie et dans tout l'empire des Parthes. Les Sassanides, qui succédèrent à ces derniers, entèrent à leur tour leur monnaie sur celle des Parthes. Les Hé-

breux, du temps des Asmonéens, subirent l'impulsion
commune, tout en accommodant les types à leurs pré-
ceptes religieux.

Enfin l'influence romaine étendit l'usage de la monnaie à des pays où les Grecs ne l'avaient pas propagé
et prépara ainsi le monnayage des peuples modernes.

Telle est, en peu de mots et à grands traits, l'histoire sommaire de la propagation de la monnaie chez
les peuples anciens. On voit que tout s'y rattache à une
origine commune, au berceau que nous avons été
amenés à chercher dans un des pays habités par la race
helléno-pélasgique et entourant la mer Égée, en Lydie
ou dans l'île d'Égine. La monnaie, comme l'alphabet,
est une de ces inventions qui ont été faites une seule
fois, sur un point déterminé de la surface terrestre, par
un peuple plus ingénieux que les autres, qui ont rayonné
d'un centre unique dans toutes les directions, et dont la
diffusion peut se suivre pas à pas d'une manière certaine et complète. Du moins, la Chine seule fait exception à l'universalité du fait que nous formulons. Dans
son lointain isolement, elle s'est créé à elle-même sa
forme particulière de monnaie, sans paraître rien devoir à l'exemple d'autres peuples, et de bonne heure
elle l'a propagée dans les pays qui subissaient docilement son influence, comme le Japon et la Corée. Mais
la Chine est un monde à part et historiquement comme
une autre humanité, qui a créé et développé sa civilisation d'une manière indépendante, en inventant de son
propre fonds tout ce qui était nécessaire à sa vie. Elle
est étrangère au cycle de l'antiquité dont nous sommes
les héritiers.

CHAPITRE II

Dans l'antiquité, comme de nos jours, les trois métaux adoptés partout, d'un commun accord, comme instrument principal des échanges et signe représentatif des denrées, auxquels, par conséquent, on appliquait l'empreinte monétaire, étaient l'or, l'argent et le cuivre. Aussi les magistrats préposés à la fabrication des monnaies étaient-ils à Rome désignés par le titre de *tresviri auro, argento, ære flando feriundo*. De là le type des *trois Monnaies*, personnifiées par trois femmes tenant chacune la corne d'abondance d'une main et la balance de l'autre, chacune ayant à ses pieds une masse de métal, type qui se reproduit sous presque tous les empereurs romains, à partir du règne de Commode.

On peut poser en principe que les anciens ne connurent pas la prétention irréalisable de ce que l'on a appelé de nos jours la *monnaie bimétallique* ou le *double étalon*. Chez eux, on constate au contraire toujours le choix d'un seul métal adopté comme étalon fondamental et régulateur de tout le système monétaire. Seulement le métal choisi a varié, comme il devait arriver nécessairement, suivant les circonstances particulières des contrées et des époques.

En Asie Mineure, au début du monnayage, et dans le système de la monnaie d'empire des Perses, tant que dura la monarchie des Achéménides, ce fut l'or qui joua le rôle d'étalon. Aussi les rois du sang de Dareios,

FIG. 5. — MÉDAILLON DE L'EMPEREUR PROBUS
AU TYPE DES TROIS MONNAIES.

très libéraux en ce qui était de laisser aux cités soumises à leur empire le droit d'un monnayage municipal d'argent, réservèrent à leur couronne le privilège de la fabrication de la monnaie d'or. Ce dont ils tolérèrent seulement en Asie Mineure le développement dans certaines villes favorisées d'une façon particulière, comme Cyzique et Phocée, ce fut le monnayage de cet alliage d'or et d'argent que l'on nommait électrum et que l'on considérait monétairement comme un métal à part. Les

Grecs d'Europe adoptèrent dès le début et gardèrent constamment l'étalon d'argent; c'était le métal qu'ils avaient le plus abondamment à leur disposition et celui que Phidon avait fait frapper le premier à Égine. Chez les Romains et chez tous les peuples de l'Italie centrale, jusqu'au consulat de A. Ogulnius et de C. Fabius (269 avant J.-C.), l'étalon fut de cuivre; à dater de ce moment jusqu'à la fin de la République, on adopta l'étalon d'argent, et enfin, sous l'Empire, l'étalon d'or.

Excepté là où régnait le système de l'*æs grave*, c'est-à-dire là où l'on avait l'habitude d'employer des monnaies de cuivre circulant pour leur valeur métallique et pesant plus de 100 grammes, comme chez les Italiotes antérieurement au IIe siècle avant Jésus-Christ, dans l'Égypte des Ptolémées et à Carthage, les espèces de ce métal ont eu toujours le caractère d'une monnaie d'appoint en grande partie fiduciaire. On n'a jamais attaché un intérêt bien sérieux à l'exactitude de leur poids, et presque toujours on a tenu leur valeur intrinsèque fort au-dessous de leur valeur nominale. Pour l'or et pour l'argent, au contraire, les anciens ont constamment voulu que la monnaie de ces métaux fût par elle-même une marchandise. Ils ont veillé soigneusement à ce que le poids en fût toujours exact, conforme à la valeur qu'on attribuait aux pièces dans la circulation. Il n'y a eu de dérogations à cette règle que sous les mauvais gouvernements, et cela encore presque uniquement chez les Romains, qui se faisaient une idée moins exacte que les Grecs de la véritable nature économique de la monnaie. Encore, même sous les empereurs, l'altération des espèces a-t-elle produit toujours les plus déplorables effets financiers et sociaux ; la grande crise monétaire du IIIe siècle de l'ère chrétienne en est dans l'antiquité le plus mémorable exemple.

En général, dans tout le monde hellénique la monnaie d'or et d'argent se montre à nous avec un titre remarquablement élevé. L'or est le plus souvent sans aucun alliage ; celui qu'on trouve avec l'argent, à moins de cas de fraudes gouvernementales qui restent dans l'ordre des faits exceptionnels, est bien au-dessous des proportions admises par les peuples modernes. Mais certaines séries de monnaies, très nettement déterminées et appartenant à l'Asie Mineure, tranchent sur le reste du monnayage grec en ce qu'elles sont fabriquées, non plus en or pur, mais avec un métal extrêmement pâle, d'aspect particulier, lequel est un or allié dans des proportions énormes d'argent et même de cuivre. C'est cet alliage que les anciens appelaient *electrum*, et on lui a conservé ce nom à leur exemple. On lui attribuait conventionnellement une valeur de 25 pour 100 inférieure à celle de l'or pur, et c'est pour cette valeur qu'il a été monnayé. Mais il prêtait facilement à des fraudes dans sa composition, que le public n'était pas toujours à même d'apprécier ; et c'est évidemment l'abus que certains gouvernements peu scrupuleux firent de ces facilités de fraude qui fit, à partir du Ve siècle avant notre ère, renoncer à l'emploi de l'électrum comme métal monnayé intermédiaire de valeur entre l'or et l'argent. Le bronze monétaire grec est exclusivement composé de cuivre et d'étain. Les Italiotes et les Romains du temps de la République y ajoutaient du plomb dans une proportion plus forte que celle de l'étain.

Dans la monnaie impériale romaine il y avait simultanément, comme monnaies d'appoint, des pièces de laiton ou cuivre jaune et d'autres de cuivre rouge, qui se distinguaient par leur couleur ; les premières avaient pour le même module et le même poids une valeur double des autres. Les espèces d'or conservèrent toujours une grande pureté. Celles d'argent, qu'Auguste avait ordonné de maintenir toujours à un titre très fin, virent, au contraire, rapidement altérer leur métal. Dans la crise monétaire du IIIe siècle, la monnaie d'argent se transforma en un misérable billon, qui lui-même fit place, sous les mêmes noms, à des pièces de cuivre simplement revêtues d'une sauce d'argent. Ce n'est qu'avec Dioclétien et Constantin que l'on vit reparaître des espèces de véritable argent. Dès le haut Empire, du reste, on avait frappé dans certains ateliers provinciaux, comme à Antioche et à Alexandrie, et pour une circulation restreinte à certains territoires, des monnaies de billon dont la valeur nominale correspondait à la valeur effective de la quantité d'argent contenue dans leur alliage.

Le potin, d'après la définition de Savot, est un alliage de cuivre, de laiton, de plomb et d'une petite quantité d'étain. On le rencontre employé sous forme monétaire chez quelques tribus gauloises, aux derniers temps de leur indépendance, entre les guerres de César et l'organisation des provinces des Gaules par Auguste. Les pièces de ce métal factice sont toujours coulées ; prodigieusement grossières, offrant dans leur fabrication tous les indices de circonstances de pénurie et de nécessité pressante. La sorte de vernis qui les recouvre

et généralement en a empêché l'oxydation, a été obtenue
en les faisant recuire.

Outre l'or, l'argent et le cuivre, qui constituaient la
seule monnaie réelle, les peuples anciens marquèrent
aussi quelquefois des empreintes monétaires sur
d'autres matières métalliques, et même non métalliques. Les espèces de cette nature, qui n'avaient que
le rôle restreint d'un numéraire d'appoint, étaient de
simples monnaies fiduciaires, à valeur purement conventionnelle, représentant de très petites sommes facilement échangeables contre de l'argent, et pour la
représentation desquelles il n'était pas nécessaire que
le signe eût un prix comme marchandise en rapport
avec la valeur nominale qu'on y assignait.

C'est ainsi que plus d'un auteur mentionne des
monnaies de plomb, et qu'à côté des nombreuses pièces
de plomb antiques semblables à des monnaies, avec
lesquelles on les a souvent confondues, mais qui ne
sont que des tessères, il est parvenu jusqu'à nous
quelques monnaies véritables de ce métal portant
inscrite l'indication de leur valeur. Aristote et Pollux
disent que Denys de Syracuse frappa des pièces d'étain
pour la circulation commerciale dans ses États. On ne
possède aucune de ces monnaies; mais ceci n'a pas
lieu de surprendre, à cause de la facilité avec laquelle
l'étain se détruit par l'oxydation dans le sein de la
terre. Le Digeste mentionne également des pièces d'étain,
mais à titre de fausse monnaie. On a découvert il y a
quelques années à Lyon un plein pot de 700 pièces de ce
genre, aux effigies de Septime Sévère et de sa famille.

Nous possédons des preuves irréfragables de l'usage de monnaies de verre moulées en Égypte dès le temps du Haut-Empire, usage qui se continua dans le même pays sous les Byzantins, puis sous les Arabes. C'est principalement du temps des khalifes Fatimites que l'Égypte vit fabriquer le plus grand nombre de ces assignats de verre portant l'indication d'une valeur de monnaie. Les Arabes de Sicile en firent aussi, à l'imitation de ceux d'Égypte.

Cédrénus prétend que les Romains, à une époque très ancienne, auraient eu des monnaies de bois ; mais cette tradition doit très probablement être reléguée dans le domaine des fables, avec la monnaie romaine de terre cuite dont parle Suidas. Pourtant il se pourrait que cette dernière indication se rapportât à quelque espèce d'assignat momentanément en usage et qui n'aurait pas émané des autorités publiques. On trouve fréquemment à Athènes des moulages en terre cuite de monnaies d'argent ou d'or de diverses contrées, appartenant principalement à la période qui s'étend du milieu du Vᵉ siècle avant Jésus-Christ au commencement du IIIᵉ, principalement de statères de Cyzique. La destination de cette classe d'objets, qui se rattachent forcément à la numismatique ou science des médailles, est très obscure ; cependant il est permis de conjecturer que de telles pseudo-monnaies de terre cuite, moulées sur des espèces existantes, ont dû avoir une circulation fiduciaire, mais d'un caractère tout privé, comme celle des billets de crédit dont la loi autorise, dans certains pays, l'émission par des institutions particulières.

CHAPITRE III

Deux procédés peuvent être employés pour la fabrication de la monnaie : couler le métal en fusion dans des moules composés de deux pièces en pierre réfractaire ou en terre cuite, ou bien frapper entre deux coins gravés de métal une lentille en métal solide. Pour ce dernier procédé, qui était le plus généralement usité, les anciens ne possédaient pas le moyen puissant du balancier, qu'ont inventé les modernes. Ils frappaient leurs monnaies au marteau, moyen plus lent et plus imparfait, qui donnait souvent lieu à des accidents de fabrication, car il fallait plusieurs coups de marteau successifs pour obtenir le résultat que l'on atteint avec un seul coup de balancier.

FIG. 6.
DENIER ROMAIN DE T. CARISIUS.

Certains deniers d'argent romains, portant le nom du

triumvir monétaire T. Carisius, représentent les instruments dont se servaient les monnayeurs. On y reconnaît le *coin-matrice*, qui portait en creux l'empreinte destinée à être reproduite en relief par la monnaie, l'*enclume* sur laquelle on plaçait les coins pour les frapper, le *marteau*, enfin la *pince* ou *tenaille* qui servait à placer la lentille de métal, appelée *flan*, entre les deux coins. Une petite pièce de bronze de la colonie latine de Pæstum montre d'un côté la balance à deux plateaux où se pèse le métal destiné au monnayage, de l'autre un ouvrier qui va frapper, avec le marteau qu'il tient à deux mains, les coins posés sur une enclume, au commandement d'un contremaître qui élève le bras pour lui donner le signal.

FIG. 7.
MONNAIE DE CUIVRE DE PÆSTUM
REPRÉSENTANT
LES OPÉRATIONS DU MONNAYAGE.

Les flans des monnaies antiques étaient moulés séparément et à l'avance, sous la forme la plus rapprochée de celle que la pièce devait avoir. Cette préparation par le moulage est attestée aussi bien par la forme globuleuse que le flan affecte le plus souvent, surtout aux époques les plus anciennes, que par l'aspect des bords de celui-ci, qui présentent quelquefois des excédants de matière ou des vestiges du jet de fusion, imparfaitement coupé. Il n'y a qu'un très petit nombre de pièces où la netteté de la tranche, son aspect et sa forme indiquent que le flan a été découpé à l'emporte-pièce dans une lame de métal, comme on le fait pour nos monnaies modernes. C'est l'usage de préparer les monnaies en lentilles de poids exact par la fusion avant de les frapper qui est indiqué par l'expression *flando*, placée avant *feriundo* comme pour désigner une opération préliminaire, dans le titre officiel des triumvirs monétaires. Des

FIG. 8. — PIÈCE D'OR DE 20 STATÈRES D'EUCRATIDE, ROI DE BACTRIANE.

ouvriers spéciaux, dans les hôtels des monnaies romains, étaient chargés de ce travail de fonte ; on les désignait par le nom de *flaturarii*.

Ainsi préparé, le flan métallique destiné à devenir une monnaie était chauffé au rouge et frappé avec les coins froids. La pince était d'un emploi absolument nécessaire pour placer entre les deux coins le flan échauffé. C'est une opération qui était confiée dans les ateliers monétaires romains à des ouvriers spéciaux, appelés *suppostores*. Elle était, en effet, fort délicate et réclamait une grande pratique, avec beaucoup de précision.

La frappe au marteau, qu'employaient seule les an-

FIG. 8 *bis*. — PIÈCE D'OR DE 20 STATÈRES D'EUCRATIDE, ROI DE BACTRIANE.

ciens, ne permettait pas d'obtenir d'un seul coup le relief des monnaies, même les reliefs les moins accusés, comme on produit celui de nos pièces modernes avec le balancier ou le bélier hydraulique. Il fallait s'y reprendre à plusieurs fois, et à chaque coup *faire recuire* le flan, comme on y est encore obligé, même aujourd'hui, pour les médailles d'un relief trop accusé. Ces diverses opé-

rations de la frappe monétaire peuvent se suivre d'une
façon particulièrement claire sur la grande pièce d'or
de 20 statères, du roi Eucratide de Bactriane, que possède le Cabinet des médailles de Paris, pièce dont les
dimensions extraordinaires ont exigé un plus grand
nombre de reprises du travail que pour aucune autre
monnaie antique connue. Le coin en a été modifié dans
l'intervalle entre deux des frappes; la légende, que l'on
avait d'abord disposée horizontalement au-dessus du
type du revers, a été gravée à nouveau pour lui faire
épouser la forme arrondie du flan, ce qui est d'un effet
beaucoup plus heureux; et ce qui était venu d'abord de
la première légende a laissé des traces parfaitement visibles, bien qu'écrasé par les frappes postérieures. En
outre, à la fin du travail, le coin s'est fendu sous l'effet
des coups de marteau trop répétés.

Avec cette nécessité de s'y reprendre à plusieurs fois
en frappant et à chaque fois d'enlever le flan pour le
faire recuire, on comprend quelle précision était nécessaire en le replaçant, pour que les reliefs déjà obtenus
coïncidassent bien exactement avec les creux des coins-
matrices. La chose était d'autant plus délicate que le
flan des monnaies antiques n'était pas, comme celui de
nos monnaies modernes, fixé et serré pour la frappe
dans une virole; on le laissait en liberté entre les deux
coins, ou un coup de marteau donné à faux suffisait à le
déplacer. De là le nombre considérable d'exemplaires
de toutes les époques où le type se trouve doublé par
accident, soit que le flan ait glissé sous le marteau, soit
qu'on l'ait mal replacé après une des fois ou on l'avait
fait recuire. On est même surpris que cet accident ne

soit pas encore plus fréquent avec un procédé aussi imparfait, et il y a là de quoi donner la plus haute idée du degré d'habileté de main et de précision dans leurs opérations qu'une longue pratique donnait aux ouvriers monnoyers de l'antiquité.

On possède en originaux un certain nombre de coins monétaires romains du Ier et du IIe siècle de notre ère. La plupart se composent d'une matrice gravée en acier trempé, encastrée dans un cône tronqué ou dans une sorte de barillet en bronze ou en fer ; un bord en saillie entoure d'ordinaire l'extrémité du coin où la matrice se trouve enchâssée, mais il est notablement

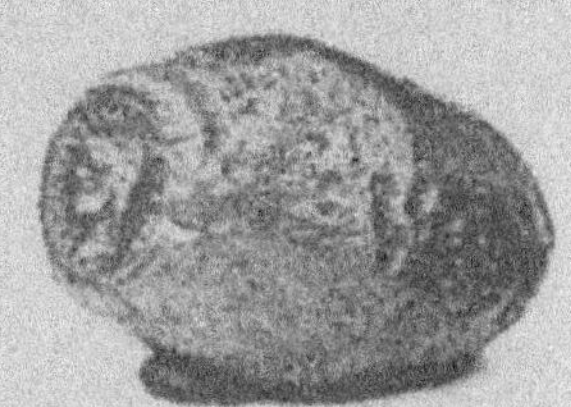

plus large que le module de la pièce, et, par conséquent, n'a pas pu servir de virole pour fixer le flan pendant la frappe. Il est aussi de ces coins du Haut-Empire qui sont entièrement en bronze, y compris la matrice gravée, et la multiplicité extraordinaire et constante de coins que tous les savants ont signalée dans la numismatique grecque, dans une seule émission de la même ville et de la même année, semble prouver que les Grecs n'employaient pas la trempe pour leurs coins monétaires ; qu'ils se servaient uniquement d'un métal doux, qui s'usait avec une grande rapidité dans les opérations de la frappe. Malheureusement aucun coin grec n'est connu jusqu'à ce jour ; mais on possède quatre coins gaulois, destinés à la production des monnaies connues d'or et

d'argent, et ils sont tous en bronze ou en fer doux. Or
les Gaulois, disciples et imitateurs des Grecs en matière
de monnayage, ne faisaient que copier leurs procédés.
Il est facile, du reste, de constater sur les monnaies
grecques et sur les pièces romaines, jusqu'à Constantin,
que leurs coins, soit en fer, soit en bronze, soit même
en acier, étaient généralement d'un métal d'assez mauvaise qualité, car on voit dans le champ des médailles
des inégalités et des soufflures dues certainement à des
imperfections des coins.

Ceux-ci, on ne saurait s'y méprendre, et les indices
les plus caractéristiques en donnent la certitude, ont été,
depuis les premiers temps du monnayage jusqu'au
ve siècle de l'ère chrétienne, gravés au touret par le procédé dont usent encore aujourd'hui les graveurs en
pierres fines. Dans le ve siècle et même un peu avant,
sous la domination des princes de la famille de Constantin, les procédés changèrent. A partir de ce moment,
les pièces ont été frappées, comme le sont les monnaies
actuelles, à froid avec des coins d'acier, ainsi qu'on le
reconnaît à la densité et à la dureté du métal, dont la
pureté n'a point été altérée, mais que la percussion a
durci en l'écrouissant. En même temps, à la nature et
à l'aspect du travail on reconnaît que la gravure au
burin a remplacé la gravure au touret pour la préparation des coins. Le Cabinet des médailles de Paris conserve une paire de coins des débuts de cette nouvelle
phase de la fabrication monétaire. Ils sont en acier,
gravés au burin et réunis par deux branches en fer à
cheval s'ouvrant au moyen d'une charnière.

Au reste, ce n'est que des monnaies elles-mêmes

que l'on peut tirer des inductions sur les procédés de la
fabrication primitive. Ainsi pour les pièces qui offrent
d'un côté un type en relief, et de l'autre un *carré creux*
plus ou moins profond, plus ou moins régulier, on suppose que ce carré représente une partie saillante sur

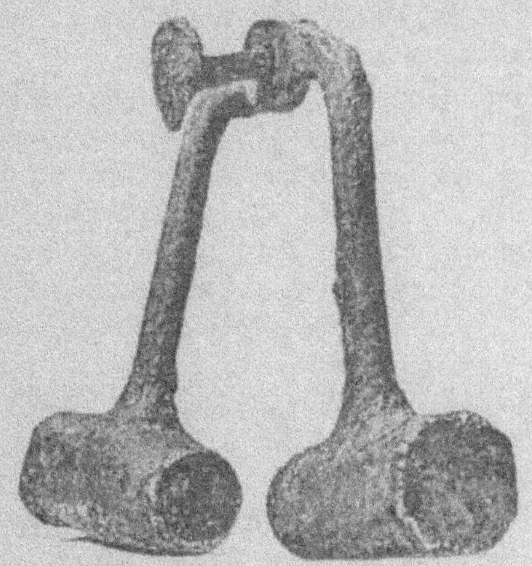

FIG. 10. — DOUBLE COIN ROMAIN DU BAS-EMPIRE,
DE L'ATELIER D'ANTIOCHE.

laquelle on fixait d'abord la lentille de métal pour l'empêcher de glisser sous le marteau. C'était le temps de
l'enfance de l'art. La pièce monétaire n'avait qu'une
seule empreinte en relief; sa forme était extrêmement
irrégulière. Elle n'était presque encore qu'un lingot de
poids fixe, portant une marque officielle qui garantissait sa pesanteur et sa pureté. On était dans la transition

entre le lingot simplement poinçonné que nous avons
trouvé aux origines du monnayage lydien et la monnaie arrivée à son point complet de perfection quant à
la forme.

Celle-ci suppose nécessairement deux coins-matrices,
entre lesquels on place le flan métallique destiné à recevoir les empreintes. Pour faciliter la gravure des matrices, y poussait-on un poinçon, comme dans les temps
modernes, sauf à retoucher au touret l'empreinte du
poinçon ? La multiplicité des coins dans toutes les émissions antiques rend ceci très probable, et l'on ne saurait guère expliquer autrement la rapidité avec laquelle
on les exécutait. Mongez croit même avoir retrouvé
expérimentalement le procédé précis employé par les
anciens. « Deux modeleurs, dit-il, ébauchent en même
temps, séparément, et finissent en cire, l'un la tête,
l'autre le type du revers : les lettres sont formées très
vite avec des poinçons d'un usage habituel. On moule
ensuite ces deux cires, puis on coule de l'argent dans
les deux moules réunis, ce qui produit des médailles.
Tout ce travail peut être terminé en moins de vingt-
quatre heures. Quant à la frappe des monnaies, elle
pouvait aussi être très prompte, en estampant les coins,
comme je l'ai fait moi-même, c'est-à-dire en plaçant la
médaille que l'on peut appeler le *prototype*, en la plaçant, dis-je, froide entre les coins de bronze chauffés
au rouge, et en frappant sur tout l'appareil avec un fort
marteau. Ainsi l'on a pu, dans l'espace de trente-six
heures, et fabriquer des moules de médailles, et frapper
des milliers de pièces en estampant des coins de bronze
et en monnayant les flans chauffés au rouge ». L'emploi

de poinçons mobiles pour les lettres des légendes monétaires, au moins chez les Romains, est attesté par les lettres renversées, déplacées, transposées et autres accidents de même nature, fréquents dans la numismatique impériale, surtout aux époques où le monnayage présente un caractère de hâte.

Dans tous les cas, la monnaie qui porte au droit un type en relief et au revers un carré creux, suppose la

FIG. 11. — MONNAIE INCUSE DE SYBARIS.

combinaison, non plus de deux matrices ensemble, mais d'une matrice et d'un poinçon, surtout à partir du moment où l'on a tracé des figures, soit en creux, soit en relief, au fond du carré. A plus forte raison en a-t-il été ainsi pour la fabrication des pièces *incuses*, c'est-à-dire de celles qui, montrant d'un côté le type en relief, comme à l'ordinaire, reproduisent le même type en creux sur l'autre face. C'est par ce procédé qu'a été exécutée une série considérable de monnaies qui témoignent d'une sorte d'alliance politique et d'une convention commerciale entre les principales villes de la Grande-Grèce au vi⁰ siècle avant Jésus-Christ. Pour se

rendre exactement compte de la fabrication de ces
pièces, il faut admettre qu'on en obtenait le revers avec
le poinçon même qui avait servi à enfoncer la matrice
destinée à la frappe du droit. Quelquefois, pour marquer l'alliance particulière de deux villes, ou même
simplement pour rapprocher deux types mythologiques, le creux du revers, quoique reproduisant en concavité les masses de la surface convexe, offrait le dessin
d'un objet tout
différent. Telle
est une pièce de
Tarente sur la-
quelle on voit,
d'un côté, Apol-
lon Hyacinthien
tenant la lyre et
la fleur de son
nom ; de l'autre,

FIG. 12.
MONNAIE INCUSE DE TARENTE.

le type ordinaire du héros Taras monté sur un dauphin.
Ici le poinçon servant à la frappe monétaire a été différent de celui qui avait servi à préparer la matrice. Il va
sans dire, d'ailleurs, que des flans serrés ainsi entre
une matrice et un poinçon devaient se réduire à une
feuille plate et que, pour arriver au poids légal de la
monnaie, il fallait retrouver en étendue ce qu'on perdait
en épaisseur.

Il se rencontre aussi quelquefois des monnaies *incuses par accident*. Ce sont des deniers de la suite républicaine ou impériale sans revers et avec la tête se
reproduisant en creux du côté opposé à la face en
relief. C'est ce qui arrive encore aujourd'hui, sous l'ac-

tion du balancier, lorsque l'ouvrier monnayeur a oublié entre les deux coins une pièce déjà frappée et sur cette pièce empile un nouveau flan.

Les *bractéates* présentent une affinité étroite avec les *incuses*. Ce sont de minces pellicules d'or ou d'argent (*bracteæ* ou *bratteæ*) empreintes d'un seul type, en relief d'un côté et en creux de l'autre. On les obtenait par voie d'estampage sur un poinçon en relief. On

FIG. 13. — MONNAIE INCUSE DE TARENTE.

connaît un certain nombre de bractéates d'or grecques que la nature et la régularité de leur poids font reconnaître pour des monnaies. Il importe de ne pas confondre avec d'autres, qui y ressemblent beaucoup au premier abord et ont été estampées sur les reliefs de monnaies courantes pour être cousues comme paillettes sur des vêtements.

Une singularité qui n'est pas non plus sans rapport avec les pièces incuses est celle que présentent les monnaies d'or et d'argent frappées à Populonia et dans diverses autres villes d'Étrurie pendant le v⁰ et le iv⁰ siècle

avant l'ère chrétienne. Ces pièces n'ont pas de revers,
mais la face postérieure en est plane et n'offre la trace
d'aucune cavité. Avec le temps, dans le cours du
IVe siècle et dans la première moitié du IIIe, à Volaterræ
d'abord, puis à Populonia, on se mit à placer sur ce
revers, plane et sans renflement au centre, un type peu
développé et d'un faible relief ou bien quelques caractères, ce qui rapprocha ces pièces de l'aspect habituel

FIG. 14. — MONNAIE DE POPULONIA D'ÉTRURIE
A REVERS LISSE.

des monnaies grecques du même temps, sans pourtant
qu'une parité complète s'établît entre les deux faces de
la lentille métallique.

Il y eut encore, dans la fabrication de la monnaie
frappée chez les anciens, d'autres particularités dont il
est souvent difficile de s'expliquer complètement la
cause et qui, dans tous les cas, révèlent des recherches
assez délicates de perfectionnement dans les procédés.

Les grosses pièces de bronze des rois Lagides d'É-
gypte ont leurs bords d'une régularité qui constitue

une véritable exception dans la numismatique ancienne,
et taillés en biseau. La nature et la netteté de la section
montrent clairement qu'au lieu d'en préparer les flans,
comme à l'habitude, par le moulage, on a opéré comme
pour nos monnaies modernes, qu'on a découpé le flan
à l'emporte-pièce dans une lame épaisse de métal. Cette
habitude ne paraît pas être sortie de l'Égypte; mais, sous
les Romains, elle s'est continuée dans l'atelier monétaire d'Alexandrie jusqu'au règne de Commode.

D'autres monnaies de bronze, plus petites, frappées
en Syrie sous la
domination des
Séleucides, quel-
ques pièces d'or
et d'argent de
Carthage et un
certain nombre
de deniers d'ar-
gent romains du
temps de la Ré-

FIG. 15.
DENIER ROMAIN *Serratus.*

publique se distinguent par leurs bords découpés en dents
de scie. C'est ce que Tacite appelle *nummi serrati*. Quelques expressions de l'écrivain latin semblent, au premier abord, justifier ceux qui expliquent cet usage par
l'intention d'indiquer qu'on n'avait rien soustrait à son
poids au moyen de la lime. En effet, l'inégalité des
bords, pour les lentilles même les plus parfaites, était
une tentation perpétuelle offerte aux rogneurs de monnaies, tandis qu'un coup de lime sur une dent de scie
devait être bien plus visible qu'une opération semblable
habilement faite sur un flan ordinaire. Mais si cette

explication pourrait être admissible au cas où il s'agirait
exclusivement de monnaies d'argent ou d'or, elle est
démentie par l'existence des *nummi serrati* des Séleucides, lesquels sont des monnaies de bronze de petite
dimension, destinées uniquement à servir d'appoint.
C'étaient des espèces plus fiduciaires que réelles, dont
la valeur intrinsèque n'était pas en rapport avec la valeur nominale. Le rognage en eût donné bien peu de
bénéfice, et ce qu'il aurait diminué du poids de la pièce
n'eût point influé sur sa valeur de circulation. La même
objection se dresse devant la théorie de ceux qui ont cru
que l'adoption de la dentelure des bords était une précaution pour empêcher d'imiter des pièces de bon argent
sous forme de pièces fourrées, s'imaginant qu'elle n'était
pas possible à reproduire dans un pareil procédé de falsification. Les faits se chargent d'ailleurs de démentir eux-
mêmes une semblable théorie, puisque précisément plusieurs des deniers romains dont on rencontre autant
d'exemplaires fourrés que d'exemplaires de bon aloi, rentrent dans la catégorie des *nummi serrati*. Il reste donc là
un problème dont on ne saurait, dans l'état présent de
la science, rendre une raison bien satisfaisante : celui de
la cause qui a pu faire adopter, à une certaine époque,
une pratique que rien de sérieux ne semble justifier et
qui devait sensiblement augmenter les frais de main-
d'œuvre, en créant des difficultés particulières pour la
frappe de la monnaie. La dentelure, du reste, était
obtenue à l'avance, dans le moulage du flan.

La plupart des pièces de bronze des Séleucides aux
bords dentelés présentent en même temps sur leurs deux
faces, au centre, une petite cavité circulaire produite

par une pointe ménagée en saillie dans le creux de la
gravure du coin-matrice. Cette pointe, dès le premier
coup de marteau, pénétrait assez profondément dans le
flan de métal soumis à la frappe monétaire, et de cette
façon elle l'empêchait de glisser, en le fixant entre les
deux coins ; à l'aide de ce moyen on obtenait le même
effet que chez nous par l'emploi de la virole. La même
particularité technique s'observe antérieurement sur
les pièces de bronze des Lagides aux bords taillés en
biseau. La réunion de ces deux circonstances montre
qu'à Alexandrie, et en général dans les ateliers de l'É-
gypte ptolémaïque, on s'était occupé d'une façon toute
particulière de la recherche des perfectionnements dans
les procédés de la frappe, et qu'on y avait réalisé dans
ce genre des progrès remarquables. C'est là qu'Antiochos IV emprunta cette pratique raffinée, qu'il introduisit en Syrie. Les autres Grecs, non plus que les
Romains, ne paraissent l'avoir jamais pratiquée.

Mais la fabrication des *monnaies fourrées* dénote de
la part des monnoyers anciens une étonnante habileté
pratique, malgré l'imperfection des moyens mécaniques
dont ils disposaient. On désigne par cette expression
des pièces qui se composent d'un flan de métal de peu
de valeur, cuivre, fer, plomb ou étain, formant âme et
revêtu dans toutes ses parties d'une mince feuille d'argent, plus rarement d'or. Âme et enveloppe ont été
soumises en même temps à la frappe. Les pièces fourrées étaient donc des monnaies sans valeur intrinsèque,
que l'on émettait pour des espèces d'argent ou d'or par
une opération frauduleuse. L'opinion la plus habituelle considère les pièces fourrées comme les œuvres

de faux monnayeurs. Mais elles sont trop multipliées et affectent trop spécialement certaines émissions monétaires déterminées, à certaines époques de l'histoire, pour qu'on puisse les attribuer au faux monnayage privé. Le travail très soigné, très délicat de la plupart d'entre elles présente les caractères incontestables d'une fabrication régulière. Pour les produire avec ce degré de réussite dans la frappe, surtout celles qui ont une âme de cuivre ou de fer, il fallait des soins que n'aurait pu y apporter une fabrication clandestine, traquée par la police ; il fallait surtout un outillage perfectionné, qui ne pouvait se rencontrer que dans les ateliers monétaires de l'État. La science établit, d'ailleurs, historiquement que certains gouvernements besogneux et dénués de scrupules, particulièrement celui de Rome sous la République, ont procédé à des émissions monétaires dans lesquelles entrait une certaine proportion de pièces fourrées, monnaies fiduciaires que l'on faisait accepter au public en les mêlant à la monnaie loyale et à laquelle on donnait cours forcé. C'était, il n'est pas besoin de le remarquer, une mesure aussi fausse qu'inique, qui, toutes les fois qu'on y recourut, mit le désordre dans les finances de l'État et des particuliers, causant bien des embarras et bien des troubles.

De nos jours, avec l'outillage bien autrement perfectionné que celui des anciens dont on dispose, on reculerait devant les difficultés matérielles de l'exécution de semblables pièces. On a peine à comprendre comment on arrivait à fixer d'une manière solide sur le flan de fer ou de cuivre les minces feuilles d'argent qui en couvraient les deux faces, à dissimuler leur commissure et à les empêcher de se séparer sur la tranche de la pièce au moment de la frappe, comment enfin l'on parvenait à faire que d'aussi minces bractées ne se déchirassent pas sous la pression du coin battu avec le marteau. Il est surtout singulier que l'on ait pu arriver à vaincre ces difficultés dans la fabrication rapide d'émissions monétaires nombreuses ; et la chose devient presque incroyable quand il s'agit de l'application de ce procédé à la fabrication de monnaies à bords dentelés, pour lesquelles s'ajoutaient encore des difficultés de plus. Mais, comme l'a remarqué Mongez, la production des pièces fourrées n'était possible qu'en frappant les monnaies à chaud, comme faisaient les Grecs et les Romains.

On appelle monnaies *scyphates* ou en forme de coupe des pièces dont le droit présente une convexité sensible, à laquelle correspond une concavité non moins marquée de la surface du revers. Le flan métallique, dans les pièces de ce genre, a été serré entre deux coins, dont l'un, celui du droit, offrait une surface creusée sur laquelle on a gravé le type, et l'autre une surface bombée, d'une courbure correspondante. Dans l'antiquité, cette forme ne se remarque guère que dans les monnaies, plus ou moins grossièrement imitées de celles des Grecs et des Romains du temps de la République, qui ont été fabriquées par les peuples barbares échelonnés dans la longue vallée du Danube. En particulier, les pièces d'or frappées par les Boïens de la Bohême et les habitants de la Vindélicie ont une forme scyphate si accusée, malgré l'épaisseur du flan, qu'elle leur a valu en Allemagne l'appellation populaire de

Regenbogen-Schüsselchen, « petits plats à l'arc-en-ciel ».
Les monnaies scyphates au flan très aminci furent adoptées dans le moyen âge, à partir du xi⁰ siècle, comme

FIG. 16. — MONNAIE SCYPHATE BYZANTINE.

type normal des espèces d'or et d'argent des empereurs
de Byzance. C'est alors qu'on adopta pour les désigner
le terme de *scyphati*, orthographié souvent *schifati*
dans les documents occidentaux.

CHAPITRE IV

Les érudits d'autrefois croyaient que l'usage de couler la monnaie était plus ancien que celui de la frapper. Ils considéraient l'*æs grave* des Romains et des autres peuples de l'Italie comme offrant les monuments primitifs de l'art monétaire. Aujourd'hui, c'est une opinion qu'une étude plus approfondie des faits et des monuments numismatiques a fait abandonner. Les monnaies les plus anciennes portent la trace du marteau ; on voit qu'elles ont été frappées sur un flan de forme d'abord très inégale et qui ne gagna qu'avec le temps une régularité poussée beaucoup plus loin par les peuples modernes. Le procédé du coulage n'a jamais été qu'une exception, très justifiée pour l'*æs grave*, qu'on n'aurait pu frapper qu'avec les balanciers les plus puissants et non avec le marteau, seul employé des anciens, exception qui peut dénoter aussi l'inexpérience ou la précipitation, comme pour certaines monnaies gauloises et

pour une notable partie du billon du temps de Septime-
Sévère et de ses successeurs.

Ce n'était point par ignorance de meilleurs procédés
que les Latins et les Romains coulèrent leurs premières
monnaies au lieu de les frapper. Mais c'était une mé-

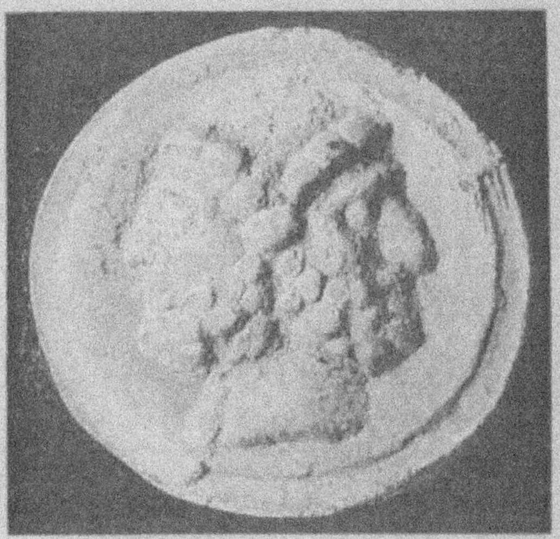

FIG. 17. — AS ROMAIN COULÉ, DU POIDS D'UNE LIVRE.

thode plus expéditive et moins chère, à cause de la dimension de ces pièces. Aussi avons-nous dans certaines
séries de l'*æs grave* les monnaies divisionnaires frappées, tandis que l'unité, l'as du poids d'une livre et ses
plus fortes divisions sont coulées. Sans doute, les Grecs
avaient fabriqué par le procédé de la frappe au marteau
quelques monnaies d'or ou d'argent de très fortes di-

mensions ; mais c'étaient des pièces exceptionnelles, frappées en petit nombre, à la fabrication desquelles on avait pu donner des soins particuliers et consacrer des frais de main-d'œuvre en rapport avec la valeur considérable qu'elles représentaient dans la circulation. On

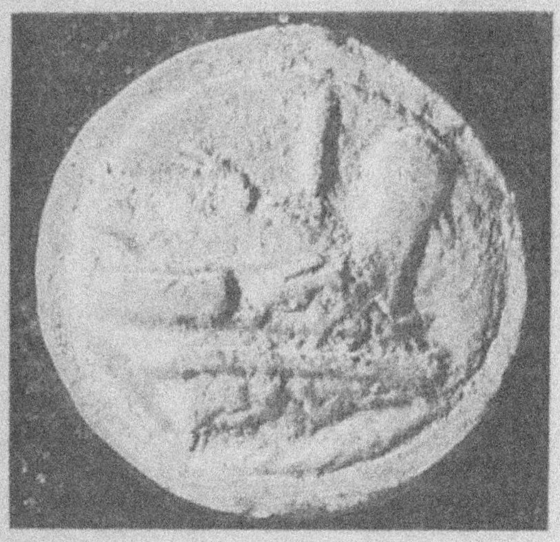

FIG. 17 bis. — AS ROMAIN COULÉ, DU POIDS D'UNE LIVRE.

ne pouvait agir de même avec des monnaies de cuivre d'une faible valeur, eu égard à leur poids et à leurs dimensions, émises en quantités très considérables, comme il le fallait pour la seule forme de numéraire admise officiellement dans l'usage d'une aussi grande ville que l'était déjà Rome à l'époque où elle commença à avoir des monnaies (IVe siècle avant Jésus-Christ). C'est par

milliers que se comptent les as libraux[1] dans les énoncés
de sommes que contiennent à chaque instant les historiens pour cette époque, et il suffit de parcourir Tite-
Live pour avoir une idée de ce qu'était le développement de la fabrication de ces monnaies. Dans de
telles conditions, il était réellement impossible de recourir à la frappe pour d'aussi énormes pièces, surtout pour des pièces de cuivre, métal plus résistant
que l'or ou l'argent à l'action du coin poussé par le
marteau. Les seules pièces de cuivre grecques frappées
qui approchent dans une certaine mesure par leurs dimensions des as libraux de l'Italie, celles des Lagides,
sont d'une date postérieure; et, comme nous l'avons
déjà remarqué, leur fabrication se lie à certains progrès
dans les procédés mécaniques de la frappe, réalisés seulement alors et dans l'atelier d'Alexandrie. Il est fort
douteux que les Grecs, même les plus expérimentés,
eussent pu en frapper de semblables au commencement
du IVe siècle avant l'ère chrétienne, et à plus forte raison
l'on doit admettre cette impossibilité pour les Italiotes,
qui n'avaient pas encore eu l'occasion d'acquérir la
même habileté pratique que les Grecs. D'ailleurs, la
masse métallique qu'offrent ces pièces de cuivre des Ptolémées, les plus grosses que les Grecs aient produites
par le procédé de la frappe, n'est que le tiers à peine
des as libraux de Rome et du Latium, le quart environ
de ceux du Picenum. Les Grecs d'Agrigente eux-mêmes,
quand ils se sont créé un *as grave* à une époque un

1. Quand l'*as* commença à être fabriqué à Rome, il était du
poids d'une livre.

peu antérieure, n'ont pas cherché à le fabriquer autrement qu'en le coulant. La substitution de la simple fonte à la frappe pour l'*aes grave* de l'Italie, si elle constitue une exception relativement récente, postérieure de trois siècles au moins à l'invention de la monnaie, a eu sa cause dans la difficulté d'employer un autre procédé pour les données spéciales de ce monnayage. Et c'est la même difficulté qui a fait que les Grecs d'Olbia, au fond du Pont-Euxin, vers le même temps ou un peu plus tôt, ont également eu recours au procédé de la fusion pour fabriquer les plus grosses pièces de leur *as grave*, qui égalent presque comme dimensions et comme poids, les as libraux de l'Italie.

Chez les Gaulois, les pièces coulées appartiennent exclusivement à la dernière période du monnayage autonome. Les monnaies gauloises sont nées de l'imitation de celles des Grecs, et de même que pendant longtemps nos ancêtres se sont bornés à copier directement ou de seconde et de troisième main les types helléniques, c'est sur les procédés grecs qu'ils se sont modelés. Ils ont donc frappé leurs monnaies plusieurs siècles avant de se mettre à en couler quelques-unes. Les pièces dues à l'emploi de ce dernier procédé sont d'une grossièreté d'art et d'exécution qui révèle un travail hâtif et presque tumultuaire, des émissions faites dans des temps troublés et dans des circonstances de nécessité, au milieu des dernières luttes de la nationalité expirante. Il faut ajouter que la composition du potin dont sont faites toutes ces pièces, donnant un métal dépourvu de ductilité, imposait presque absolument, ainsi qu'il a été déjà remarqué plus haut, de recourir pour leur fabrication à la fonte dans un moule au lieu de la frappe au marteau entre deux coins métalliques.

Quant au billon des successeurs de Septime-Sévère, on doit noter que l'abaissement prodigieux du titre de la monnaie et une négligence générale de la fabrication y coïncident avec l'apparition de nombreux exemplaires coulés. C'est à proprement parler de la *fausse monnaie*, qu'elle qu'en soit l'origine, publique ou privée; c'est pourquoi, à propos des découvertes de moules de terre cuite propres à couler les pièces de billon des empereurs du IIIᵉ siècle, on a agité entre les antiquaires la question de savoir si c'étaient là des vestiges de l'in-

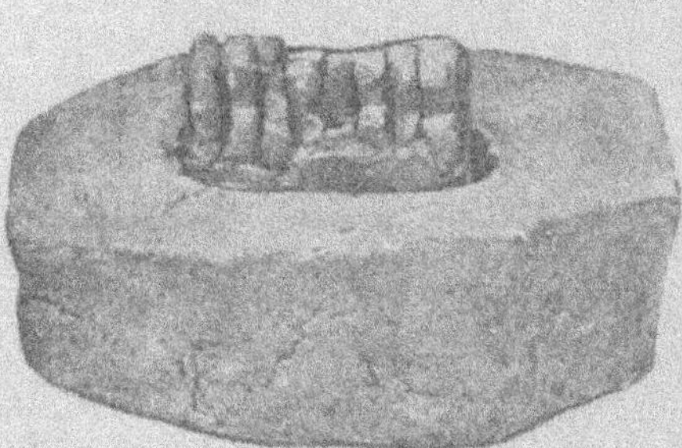

FIG. 18.
GROUPE DE MOULES À MONNAIES
EN TERRE CUITE, DU IIIᵉ SIÈCLE,
DISPOSÉ POUR LA FONTE.

dustrie occulte des faux monnayeurs ou si le gouvernement, en même temps qu'il prétendait imposer aux populations des monnaies sans valeur intrinsèque, au titre le plus gravement altéré, n'avait pas voulu aussi s'épargner les frais d'une fabrication soignée. Comme ces sortes d'entreprises sont de celles où les mauvais gouvernements ont cherché avec le plus d'obstination, dans tous les temps, un remède à leurs embarras financiers, on doit s'abstenir de mettre la substitution des espèces coulées

aux pièces frappées, aussi bien que l'altération intrinsèque des monnaies, exclusivement sur le compte des
faussaires de profession. L'altération et l'on peut même
dire la falsification du titre des monnaies d'argent rem-
placées par du billon ou du cuivre saucé, après Septime-
Sévère, était un fait officiel et légal; or la substitution
fréquente d'un procédé de fonte à celui de la frappe
vers le même temps ne peut guère en être séparée. La
fabrication grossière et économique de la monnaie impériale par le moyen de la fonte a été certainement
aussi alors un fait officiel, mais exclusivement propre
aux ateliers des provinces. C'est en France, en Angleterre et en Suisse qu'on a trouvé un grand nombre de
moules monétaires du IIIe siècle, jamais en Italie; ce
qui prouve décidément que ces moules n'appartenaient
pas à des faux monnayeurs privés. Au siècle suivant, la
substitution de la fonte à la frappe fut interdite aux
monnayeurs officiels par des lois de 326 après Jésus-
Christ, de 356 et de 371.

CHAPITRE V

LES ATELIERS MONÉTAIRES

Il n'est qu'une seule ville grecque pour laquelle nous soyons renseigné d'une manière précise sur l'organisation de l'atelier monétaire, c'est Athènes. Cette ville, qui avait donné tant d'importance et tant de développement à la fabrication et à l'exportation des espèces faites de l'argent de ses mines du Laurion, comptait parmi ses principaux établissements publics son hôtel des monnaies, *argyrokopeion*. Il était annexé au sanctuaire d'un héros populairement désigné sous le nom du « Stéphanéphore ». Ce héros paraît avoir été Thésée, que la vanité des Athéniens se plaisait à représenter comme ayant frappé la première monnaie dans leur cité. De même que ceux de toutes les autres administrations de l'État athénien, les ouvriers de l'*argyrokopeion* étaient pris parmi les esclaves publics.

Un hôtel des monnaies qui fabriquait en aussi grande abondance que celui d'Athènes occupait nécessairement une quantité d'ouvriers et ne pouvait manquer, pour la bonne organisation du travail, d'être

divisé en un certain nombre d'officines distinctes. Ceci
étant, il y avait un intérêt majeur de comptabilité et de
contrôle, qui se comprend facilement, à distinguer par
des marques visibles et ne prêtant pas à l'amphibologie
les monnaies produites par les diverses officines. Beulé
a donc eu raison de reconnaître les marques de ces officines sur les tétradrachmes athéniens dits « de la seconde
série », où elles s'ajoutent aux noms des trois magistrats

FIG. 19. — TÉTRADRACHME D'ARGENT D'ATHÈNES,
DE LA SECONDE SÉRIE.

en exercice et à l'indication de la prytanie. Elles con-
sistent dans des sigles de deux ou trois lettres placées
dans le bas du champ du revers. Une indication de ce
genre complétait de la manière la plus heureuse tout le
système des garanties, des gages de responsabilité
dont Athènes, à cette époque, entourait la fabrication
de ses espèces d'argent, si recherchées encore du commerce, ainsi que la conservation de la loyauté de leur
poids et de leur titre. Par là, non seulement les magistrats monétaires, mais les chefs d'atelier et les esclaves

publics qui frappaient la monnaie étaient atteints à
coup sûr si des pièces altérées étaient mises en circulation.

On voit la même pratique régulièrement en usage
dans le monnayage romain impérial à partir d'une certaine époque ; on en constate des vestiges sur une partie
des espèces d'argent frappées à Rome du temps de la
République. Il est donc impossible de croire que dans

FIG. 20. — TÉTRADRACHME D'ALEXANDRE LE GRAND,
AVEC PETIT SYMBOLE D'ATELIER DANS LE CHAMP.

le monde grec elle ait été exclusivement restreinte à
Athènes. Mais, de même que le système d'indication
des diverses villes où étaient frappées les monnaies
d'un prince, par de petits types accessoires, des monogrammes ou des combinaisons de lettres, ne se montre
complètement organisé pour la première fois que dans
la numismatique de Philippe II de Macédoine, c'est
aussi seulement dans le siècle de Philippe et d'Alexandre
que l'on commence à rencontrer, sur les monnaies des
villes indépendantes ou des rois, des marques que l'on

peut interpréter avec quelque vraisemblance comme
les indices des officines entre lesquelles se partageaient
les hôtels des monnaies, comme les signatures des chefs
de ces ateliers. Aux époques antérieures on n'avait pas
de raffinements de ce genre, ou du moins le goût esthétique des Hellènes aux plus beaux temps de l'art évitait
d'encombrer le champ des monnaies de tant d'additions
parasites, de nature à détourner le regard du type principal. Si donc alors, ce qui peut être encore tenu pour
douteux, on cherchait à différencier non seulement les
pièces fabriquées dans chaque année sous l'autorité de
tel ou tel magistrat, mais encore les produits des divers
ateliers de l'*argyrokopeion*, on devait recourir à des
moyens très peu apparents, analogues aux *points secrets*
des monnayeurs du moyen âge, à des modifications
extrêmement légères du type principal et de la légende.
Ces modifications servant d'indices secrets étaient de
telle nature que le sens nous en échappe et que même
la plupart du temps nous ne savons pas les discerner;
les contemporains y voyaient plus clair que nous, mais
même pour eux elles ne devaient être complétement
comprises qu'en recourant aux registres officiels de
l'administration des monnaies. Leur caractère secret
pouvait même ainsi devenir un moyen de déjouer la
criminelle industrie des faussaires.

En dehors d'Athènes, le silence est absolu chez les
écrivains et dans les inscriptions au sujet de la manière
dont était organisée la fabrication monétaire, aussi bien
que de la condition des monnoyers. Il y a seulement
une très grande probabilité pour l'existence d'un hôtel
des monnaies d'État, d'un *argyrokopeion* constitué

comme établissement officiel, ayant pour ouvriers des esclaves publics et comptant plusieurs ateliers distincts, dont chacun avec sa direction et sa comptabilité sous une direction supérieure commune, dans les grandes cités commerciales où la fabrication était continue et ne s'interrompait pas, où elle avait toujours un développement considérable et où les espèces monnayées, grâce à l'extension des opérations de négoce, formaient un article important d'exportation, comme à Corinthe, à Cyzique, à Rhodes, à Syracuse, à Tarente, à Massalie. C'est aussi ce qui devait être dans les principaux siéges de monnayage des grandes monarchies, dont chacun avait à fournir le numéraire indispensable à la circulation dans une notable étendue du territoire.

Cependant une autre organisation semble être indiquée pour Antioche, du temps où elle était la capitale du royaume des Séleucides de Syrie, dans un passage où Polybe décrit les habitudes populacières qu'affectait Antiochos Épiphane. « Quelquefois, dit-il, on le voyait s'échapper de la cour à l'insu de ses serviteurs et s'en aller errer au hasard dans la ville, avec deux ou trois compagnons seulement. On le trouvait souvent dans les ateliers des orfèvres et des monnoyers, bavardant et disputant de leur art avec les ciseleurs et les autres ouvriers. Il se plaisait aussi à la conversation des premiers venus dans les gens de la plus basse classe du peuple et allait boire dans les tavernes avec les plus vils étrangers ». Il n'est pas ici question d'un grand hôtel des monnaies officiel, d'un *argyrokopeion* unique, constituant un édifice public important, dont les ateliers, par une précaution tout à fait élémentaire, auraient dû être fermés à tous autres qu'aux ouvriers et aux employés de l'établissement, et où il eût été bien difficile que le roi pénétrât habituellement sans être reconnu et entouré des honneurs appartenant à son rang. Ce récit nous montre au contraire, dans la ville d'Antioche, plusieurs établissements de monnoyers placés par l'écrivain sur la même ligne que les officines des orfèvres et ayant également le caractère d'ateliers privés, ouverts à tout venant, suivant le vieil usage habituel des Grecs de choisir pour lieux de réunions habituels dans les soirées d'hiver les forges et autres ateliers des industries qui employaient le feu.

Il semble donc d'après ce passage, qui a quelque chose de très formel dans ses expressions, qu'un certain nombre de villes indépendantes de la Grèce et même de monarchies puissantes auraient adopté une combinaison dans laquelle l'*argyrokopos*, tout en ayant le caractère d'un officier public investi d'une mission de l'État, lié par un serment solennel et soumis à une sévère responsabilité pénale, travaillait sous la surveillance et le contrôle des magistrats à ce délégués, non dans un établissement public, mais dans un atelier privé, monté par lui-même à ses frais et à ses risques, avec ses propres ouvriers, esclaves ou travailleurs libres. Il était ainsi non plus un chef d'atelier dirigeant des esclaves publics dans un établissement de la république ou de la couronne, mais un fermier prenant à bail l'entreprise de la monnaie pour un temps plus ou moins long, dans des conditions plus ou moins dépendantes de l'administration, sans que l'État en fournît le local ni l'outillage. Dans les conditions d'outillage coûteux et compliqué de notre fabrication monétaire, une semblable combinaison serait presque impraticable, surtout avec plusieurs monnoyers de ce genre fabriquant concurremment dans la même ville, sans compter que l'on trouverait avec raison qu'elle ouvre trop facilement la porte aux fraudes de toute espéce. Au contraire, les procédés des anciens, tels que nous les avons exposés, étaient tellement rudimentaires, ne réclamaient qu'un outillage si simple que la chose était facile à réaliser et que tout orfèvre pouvait en quelques jours s'improviser monnoyer.

Aux temps mérovingiens, nous voyons des personnages comme Abbon et son élève saint Éloi, avant qu'il devint évêque, être à la fois orfèvres et monnoyers publics. De la même façon, dans les cités grecques, l'*argyrokopos* ou monnoyer, en même temps qu'il remplissait un office de la République en forgeant ses espèces monétaires destinées à avoir cours légal, joignait à cette fabrication d'une nature particulière des travaux d'orfèvre, travaux d'industrie toute privée où il cherchait une source de bénéfices supplémentaires. Aussi à Éphèse, dans le récit des *Actes des apôtres*, est-ce le monnoyer Démétrios qui, voyant, par suite des prédications de saint Paul, diminuer son commerce de petits naos d'Artémis en argent, lâche dans la rue ses nombreux ouvriers et excite l'émeute aux cris de : « Grande est l'Artémis des Éphésiens! » C'est grâce à cette fréquente réunion des deux professions dans les mêmes mains, ainsi qu'à leur étroite et fondamentale affinité, que les orfèvres et les monnoyers sont quelquefois indiqués comme formant un seul corps de métier. Une inscription de Smyrne émane de la corporation des monnoyers et orfèvres.

Là où ils étaient organisés de cette manière, en corporation avec les orfèvres, les monnoyers cessaient d'avoir le caractère d'officiers publics pour être de purs industriels, comme ceux à qui ils étaient associés. Il semble donc que dans un certain nombre de cités grecques il n'y ait pas eu d'offices de monétaires permanents, que la fabrication de la monnaie y ait été remise à l'industrie privée, un orfèvre soumissionnant aux conditions déterminées par les autorités publiques la totalité ou partie de la fourniture d'une émission monétaire, quand elle avait été décidée par un vote du sénat et du peuple. C'est même là ce qui devait généralement arriver dans les villes de peu d'importance qui ne monnayaient que de loin en loin, pour des besoins spéciaux et dans des occasions exceptionnelles. Dans ces villes il n'y avait pas lieu d'avoir d'*argyrokopeíon* de la République ni même de monnoyer officiel en permanence; par suite, lorsque l'occasion s'en présentait, il fallait bien recourir aux ressources de l'industrie privée pour la fabrication des espèces, à moins qu'on ne se décidât à faire venir temporairement le monnoyer public d'une ville voisine et plus importante. Le simple bon sens suffit à faire deviner qu'en pareil cas, lorsque la fabrication de la monnaie avait lieu par entreprise de l'industrie privée, on devait prendre des précautions particulières, imposer au soumissionnaire, sous la sanction de peines très rigoureuses, des obligations analogues à celles que les lois de Solon avaient établies à Athènes pour les graveurs de cachets. Il était absolument défendu aux dactylioglyphes de garder chez eux les empreintes des sceaux et cachets qu'ils avaient gravés, de manière à éviter qu'on pût ensuite falsifier ces cachets en les copiant exactement, ce qui, dans les habitudes antiques, eût correspondu à une falsification de signature. A plus forte raison, l'orfèvre qui avait eu l'entreprise d'une émission de monnaies devait être tenu, la fabrication achevée, de remettre aux magistrats publics les coins et les poinçons qu'il avait gravés pour cet objet; c'est seulement ainsi qu'on pouvait être assuré qu'il se maintiendrait exactement dans les limites à lui fixées par la décision publique qui avait ordonné la création de monnaies, et qu'il ne continuerait pas frauduleusement la fabrication à son profit personnel.

Chez les Romains, c'est le système des grands hôtels des monnaies officiels fonctionnant comme une administration de l'État que nous trouvons toujours adopté, depuis les origines du monnayage jusqu'à l'invasion des Barbares. Sous la République, il n'y avait qu'un seul hôtel de ce genre produisant les espèces destinées à circuler dans les possessions de la cité reine, ce qui obligeait à laisser un large développement au monnayage provincial et local pour la création des monnaies d'appoint. C'était la monnaie de Rome même. On l'avait établie dans la citadelle du Capitole, parmi les dépendances du temple de Junon Moneta, d'où provint l'application aux espèces métalliques fabriquées dans cet atelier du nom de *moneta*, qui a produit notre « monnaie ». Les généraux commandant les armées avaient le droit de faire battre, en vertu de leur autorité suprême, des monnaies d'or et d'argent dans l'étendue de leur commandement; c'était un des privilèges de l'*imperium* militaire.

Auguste partagea le droit de monnayage entre l'empereur, à qui appartenait la production des espèces d'or et d'argent, et le Sénat, qui gardait autorité exclusive sur le cuivre. On établit des ateliers pour la monnaie impériale, non seulement à Rome, mais aussi dans les provinces, à Lugdunum (Lyon) en Gaule, à Tarraco (Tarragone) en Espagne, à Carthage en Afrique, à Alexandrie en Égypte, à Antioche en Syrie, à Thessalonique en Macédoine, à Siscia en Pannonie. Pour la monnaie sénatoriale il continua à n'y en avoir qu'un, celui de Rome. Jusqu'au temps des Flaviens il resta annexé au temple de Junon Moneta et distinct de l'atelier impérial. Tous les deux furent ensuite réunis dans un même hôtel situé près des Thermes de Titus et placés sous un même directeur, bien que l'administration financière des deux monnaies, impériale et sénatoriale, demeurât séparée jusqu'à Aurélien, qui supprima le droit du Sénat et concentra toute la fabrication des espèces, de quelque métal qu'elles fussent, entre les mains de l'autorité impériale.

L'hôtel des monnaies de Rome était divisé en plusieurs officines séparées. Ses ouvriers, répartis en diverses classes, *æquatores, flaturarii, signatores, suppostores, malleatores*, titres qui correspondent à tous les actes de la fabrication monétaire, étaient de condition servile. Sous la République, on les prenait parmi les esclaves publics. Depuis César, ceux qui travaillaient la monnaie d'or et d'argent comptaient parmi les esclaves impériaux et y formaient une catégorie à part, sous la désignation de *familia monetalis* ou *monetaria*.

Bien que maintenus toujours dans la condition d'esclaves, les monnoyers, au milieu des troubles qui remplirent l'empire après Septime-Sévère, profitant de l'altération des espèces monétaires et du désordre d'administration qui en avait été la conséquence, s'étaient rendus presque indépendants du pouvoir. Ils allaient jusqu'à graver quelquefois sur les monnaies des types et des légendes en désaccord avec la religion officielle de l'État. Aussi lorsque Aurélien voulut réformer les monnaies ils se soulevèrent sous la conduite du *rationalis* Felicissimus. Leur résistance fut terrible, et il fallait que leur nombre fût bien considérable puisque 7 000 soldats périrent en les combattant. Ils furent cependant écrasés et ramenés à la situation inférieure qu'ils avaient d'abord. Dès lors leur condition ne changea plus, en Occident jusqu'à la destruction de l'empire, en Orient jusqu'à l'entière abolition de l'esclavage.

CHAPITRE VI

Que les graveurs des monnaies helléniques aient été
de véritables artistes, vivant dans des conditions d'honorable liberté, assez considérés même pour avoir été
dans certains temps et dans certaines villes admis à signer
leurs œuvres, c'est ce qu'attestent d'une façon impossible à contester les pièces de Cydonia de Crète où on
lit ΝΕΥΑΝΤΟΣ ΕΠΟΕΙ et celles de Clazomène d'Ionie qui
portent ΘΕΟΔΟΤΟΣ ΕΠΟΕΙ, plaçant ainsi après le nom du
graveur le verbe ἐποίει, « faisait », qui constitue le complément habituel des formules des inscriptions d'artistes.
En présence de deux exemples aussi positifs, les numismatistes ont dû se demander si sur les monuments
qui font l'objet de leurs études il n'existait pas d'autres
signatures du même genre, avec une formule moins
complète, sans addition du verbe, mais pourtant possibles à déterminer, et s'il y avait des règles qui permissent de distinguer avec quelque certitude ces noms
d'artistes de ceux des magistrats responsables préposés
à la fabrication des monnaies et y donnant leur garantie

personnelle par l'apposition de leur signature. Le résultat de ces recherches a été de faire reconnaître avec sûreté des inscriptions d'artistes dans un certain nombre de noms qui se présentent sur les monnaies, tracés en caractères extrêmement petits, à demi-dissimulés en général dans une position exceptionnelle, dans un accessoire du type, un bandeau de la coiffure, un pli du vêtement, à des places bien moins apparentes que celles où se montrent les noms des magistrats, qui sont aussi toujours écrits en plus grandes lettres.

C'est principalement sur les monnaies de la grande Grèce et de la Sicile que se rencontrent les signatures d'artistes. Voici la liste de celles que l'on peut y tenir pour assurées :

ITALIE

Héraclée de Lucanie. .	Aristoxenos, Euphronios.
Métaponte.	Aristoxenos.
Velia.	Kleudoros, Philistion.
Pandosia.	Malys, Niko… (nom que nous n'osons pas compléter, tant ce début peut l'être de façons différentes).
Rhégion.	Evainetos, Kratésippos.

On doit aussi probablement reconnaître des signatures de graveurs sur quelques pièces d'argent de Thurioi ; mais elles sont encore douteuses et surtout très difficiles à distinguer des inscriptions de noms de magistrats.

SICILE

Camarina.	Exakesteidas, Evainetos.
Catane.	Evainetos, Hérakleidas, Proklês, Khoiriôn.

Messana . . . . Kimôn.
Naxos . . . . Proklês.
Syracuse. . . . . Evainetos, Euth..., Eukleidas,
　　　　　　　　　　　　 Euménos, Kimôn, Parmeni-
　　　　　　　　　　　　 dès, Sôsiôn, Phrygillos.

La signature de Phrygillos est la seule qui se présente sur une monnaie de bronze ; les autres graveurs que nous venons d'énumérer n'ont inscrit leurs noms que sur l'argent, et Kimôn peut-être sur l'or.

Il y a sérieuse probabilité pour que l'on doive reconnaître encore des noms d'artistes dans ceux qui, tracés avec une singulière finesse, sont disposés de manière à former le léger poil follet de la joue de la tête juvénile du droit sur quelques oboles de Massalie. Ces graveurs des monnaies massaliétes me paraissent devoir être groupés avec ceux de l'Italie, car il semble positif que c'est de Vélia, autre colonie phocéenne, que Massalie fit à plusieurs reprises venir des artistes pour relever la gravure de ses coins monétaires.

Tandis que la numismatique de l'Italie méridionale et de la Sicile nous a fourni une liste d'une certaine étendue de noms où l'on peut reconnaître avec certitude des signatures d'artistes, dans la Grèce proprement dite et dans l'Asie Mineure il n'y a d'exemples certains de semblables signatures que celles du Neuantos de Cydonia et du Théodotos de Clazoméne. Cependant, à cause de leur position exceptionnelle, on peut encore, avec assez de probabilité, assigner le même caractère à des noms écrits en abrégé sur quelques pièces de Cydonia et d'Aptéra de Crète, de la Ligue des Chalcidiens de Macédoine, de Pharsale de Thessalie et de Séleu-

kos IV, roi de Syrie. Mais, pour aucun de ces exemples,
on ne saurait être aussi affirmatif que pour les signatures de graveurs de la Grande-Grèce et de la Sicile.
L'usage de laisser les artistes inscrire leurs noms sur
les monnaies dont ils exécutaient les coins n'était donc
bien établi que dans ces deux contrées. Partout ailleurs,
le fait ne se présentait qu'exceptionnellement.

Quelquefois deux artistes ont été associés pour
graver en commun une même monnaie, l'un exécutant
le droit et l'autre le revers. Ainsi nous possédons des
pièces de Syracuse qui, par les signatures qu'elles présentent sur l'une et l'autre face, ainsi que par le cachet
de style personnel des types, se révèlent comme le produit de la collaboration d'Euménos et d'Evainetos,
d'Euménos et d'Euth..., de Phrygillos et d'Euth...,
d'Eukleidas et d'Euménos, d'Eukleidas et d'Evainetos.
Pareilles associations étaient fréquentes chez les artistes
grecs, surtout chez les statuaires. Pausanias et Pline
citent un certain nombre de statues célèbres comme le
produit de la collaboration de deux sculpteurs. Les
exemples du même genre sont abondants parmi les
monuments parvenus jusqu'à nous de l'épigraphie
grecque; bornons-nous à rappeler ceux qui attestent
dans l'école attique la collaboration habituelle de Kri-
tios et de Nésiótés, d'Eukheir et d'Euboulidés.

Quand un graveur de monnaies avait acquis une
certaine réputation d'habileté et de talent, la sphère de
son activité d'artiste ne se restreignait pas à la cité qu'il
habitait, et de nombreuses villes se disputaient l'avan-
tage de lui voir graver les coins destinés à la frappe de
leurs espèces métalliques. C'est ainsi que nous voyons

Evainetos travailler pour Rhêgion, Camarina et Catane
en même temps que pour Syracuse, Proklês pour Catane et Naxos, Aristoxenos pour Héraclée de Lucanie
et Métaponte, Kimôn pour Syracuse et Messana. Cette
conclusion ne résulte pas seulement de l'identité des
noms dans les signatures, ce qui serait une raison in-
suffisante, car il pourrait y avoir homonymie purement
fortuite entre des artistes différents ; mais le travail de
la même main, l'empreinte du style propre à un même
artiste sont incontestables dans les monnaies de villes
diverses que nous rapprochons.

Voici maintenant les faits qui peuvent déterminer
la période de temps fort restreinte dans laquelle se placent toutes les signatures connues de graveurs des
monnaies grecques.

A Rhêgion, la destruction de la ville par Denys
l'Ancien, en 387 avant Jésus-Christ, fournit une date
certaine pour la cessation du monnayage d'argent. Le
graveur Kratêsippos est manifestement un peu plus ancien, puisqu'il emploie encore la vieille orthographe
dans les légendes de ses monnaies.

Pour la Sicile, l'époque de la ruine de Naxos et de
Catane par Denys (403 avant Jésus-Christ) offre un
élément sûr pour dater un grand nombre de monnaies.
Proklês a travaillé pour Naxos et Catane, Khoiriôn et
Hêraklidas pour Catane, tous les trois évidemment
très peu avant 403. Evainetos gravait à la fois pour Catane et pour Syracuse dans sa première manière, d'un
style encore dur, également dans les dix dernières années du v° siècle. Les monnaies qui appartiennent au
complet développement de son talent, à la perfection

de sa manière — et la pièce qu'il a gravée pour Camarina est du nombre — doivent être attribuées avec certitude aux années qui ont suivi 400, ainsi que les monnaies gravées par Kimôn, son contemporain. Dans le même temps se placent Eukleidas, Phrygillos, etc. Eumênos a commencé plus tôt et Sôsiôn doit être aussi rangé parmi les artistes qui participent encore de l'ancien style.

En un mot, tous les graveurs monétaires siciliens appartiennent à une même période, celle du plus haut développement de la Sicile et en particulier de Syracuse, après la guerre des Athéniens et sous Denys Ier, au temps de qui l'on doit rapporter les chefs-d'œuvre d'Évainetos et de Kimôn.

En Grèce, les inscriptions de noms d'artistes sont si mal déterminées encore et se présentent si sporadiquement qu'il est difficile d'en parler avec précision. Les belles monnaies de la Ligue Chalcidienne appartiennent à un temps un peu antérieur à Philippe de Macédoine, jusqu'en 379 avant Jésus-Christ. Les pièces de Clazomène gravées par Théodotos ont été frappées vers le temps du roi Mausôlos de Carie, mort en 353. On remarque l'analogie de style qui existe entre la tête du droit de ces pièces et celle qui se voit sur les monnaies du monarque carien, mais avec une beauté bien supérieure dans l'œuvre du graveur de Clazomène.

Par conséquent, à l'exception de quelques exemples douteux fournis par certaines monnaies royales et peut-être de quelques autres appartenant à l'Italie méridionale, on peut indiquer le milieu du IVe siècle avant l'ère chrétienne comme l'époque où les noms de graveurs disparaissent absolument des monnaies, tandis qu'on ne saurait citer aucun fait certain d'inscription d'un nom de ce genre avant les dix dernières années du ve siècle.

Ainsi l'on ne trouve de ces signatures certaines que pendant une période d'une soixantaine d'années environ, qui correspond du reste au développement le plus parfait de l'art. D'un autre côté, la permission accordée à ceux qui exécutaient les coins des monnaies d'y inscrire leurs noms n'a été, même pendant cette période, dans la Grèce proprement dite et l'Asie Mineure, qu'un fait extrêmement rare, exceptionnel; elle n'est passée à l'état d'usage habituel que dans la Sicile et dans la Grande-Grèce. Ceci semble indiquer que si ces graveurs étaient des hommes libres et de véritables artistes, en général, on ne les classait pas à un rang bien élevé, sur la même ligne que les maîtres de la sculpture et de la peinture; qu'on les rangeait plutôt dans ce que nous appellerions les artistes industriels, par opposition à ceux qui cultivent le grand art. Cette conclusion est confirmée par le silence absolu que gardent tous les écrivains de l'antiquité grecque au sujet des graveurs monétaires. Les littérateurs ont dédaigné de conserver le nom d'aucun d'eux, tandis qu'ils célèbrent la gloire de certains graveurs sur pierres fines, même celle de ciseleurs d'orfèvrerie.

Une certaine parenté de procédés techniques entre les deux arts a fait supposer à quelques-uns des érudits modernes que les graveurs des coins monétaires devaient être pris parmi les graveurs d'intailles et de camées. Il n'est pas impossible que la chose ait pu quelquefois se produire. Cependant il me semble plus probable que ces graveurs des monnaies appartenaient ordinairement à la classe des toreutes ou ciseleurs sur métaux, et qu'ils devaient en même temps exécuter des pièces d'orfèvrerie, de même que nous avons vu tout à l'heure les entrepreneurs de monnayage se confondre avec les orfèvres. Il y a même vraisemblance à ce que dans bien des cas le même personnage, tout en exerçant le métier d'orfèvre, a pu être à la fois monnoyer comme entrepreneur industriel et graveur de coins. C'est de la même façon que la plupart des grands graveurs de médailles et de monnaies de l'Italie des xve et xvie siècles et ceux de la France du xvie étaient en même temps orfèvres, et que plusieurs d'entre eux sont connus comme ayant soumissionné l'entreprise d'une ou plusieurs émissions de monnaies. Nous avons vu que l'un des principaux et des plus habiles graveurs monétaires de Syracuse, au temps des Denys, s'appelait Kimôn. Or, parmi les plus fameux ciseleurs de vases d'or et d'argent à la grande époque de la plastique grecque, est précisément aussi un Kimôn, qu'Athénée mentionne avec de grands éloges, mais sans indiquer sa patrie. Le rapprochement est au moins remarquable, quoiqu'il y eût imprudence à affirmer d'une manière absolue l'identité des deux personnages.

En tout cas, la nature de l'art qu'ils pratiquaient et qui n'était pas tenu pour plus relevé que celui de l'orfèvre et du ciseleur, qui de même était rangé parmi les métiers plutôt que parmi les arts proprement dits, a fait que les anciens ont tenu les graveurs de monnaies en assez médiocre estime pour ne nous avoir conservé aucun de leurs noms. Et pourtant pour nous autres modernes, qui n'avons pas les mêmes préjugés, il est au moins trois de ceux dont les signatures ont pu être lues sur leurs œuvres que nous n'hésitons pas à placer au rang des plus grands artistes de l'antiquité, et qui méritent à nos yeux au moins une page dans l'histoire générale de l'art : ce sont Evainetos et Kimôn de Syracuse et Théodotos de Clazomène.

Evainetos et Kimôn étaient contemporains, quoique le premier ait commencé à travailler un peu plus tôt que le second. L'époque de leur grand éclat correspond à la tyrannie des deux Denys à Syracuse. C'est alors qu'ils ont été chargés d'exécuter les énormes pièces d'argent, du poids de dix drachmes attiques, que l'on appelait *pentèkontalitra* parce que leur valeur équivalait à celle de cinquante livres de cuivre. Toutes celles de ces pièces qui sont jusqu'à présent connues, appartenant à l'époque indiquée, sortent des mains de l'un ou de l'autre, et ce sont leurs plus merveilleux chefs-d'œuvre. Une partie seulement est signée. Mais, sur les pentèkontalitra du même temps qui ne portent pas de nom d'artiste, il est facile de reconnaître le faire de l'un des deux rivaux, sans qu'on en ait encore rencontré qui portent l'empreinte d'une troisième main.

Depuis longtemps le jugement unanime de tous les connaisseurs a proclamé ces pentèkontalitra de Syracuse, gravés par Evainetos et Kimôn, même avant qu'on eût su discerner les noms de leurs auteurs, le *nec plus ultra* de l'art monétaire. Des deux graveurs, Kimôn ne doit être classé que le second, et pourtant ses œuvres surpassent ce qui a été fait de plus remarquable

dans le même art à la Renaissance. Son style est loin
d'être sans défauts ; il recherche un peu trop les tours
de force et le côté gracieux des types, aux dépens d'une
beauté plus idéale et plus sublime. Ses figures, trop
surchargées de détails et d'ornements, manquent de
simplicité, et par suite perdent quelque chose du côté
de la pureté et du grandiose. En même temps, il a tou-

FIG. 21. — PENTÊKONTALITRON DE SYRACUSE,
SIGNÉ DE KIMÔN.

jours dans l'exécution une certaine âpreté, qui quelquefois atteint presque à la rudesse et contraste singulièrement avec la recherche de grâce dont il paraît toujours préoccupé.

Kimôn n'est qu'un grand artiste ; Evainetos est le
plus grand de tous dans la branche qu'il a cultivée. Il
est comme le Phidias de la gravure en monnaies.
Regardez pendant quelque temps une pièce gravée par
lui, et bientôt vous oublierez les dimensions exiguës
de l'objet que vous tenez à la main ; vous croirez avoir

sous les yeux quelque fragment détaché des frises du
Parthénon. Car c'est le propre de l'art parvenu à sa
perfection de donner autant de grandeur aux plus petits
qu'aux plus immenses objets, et de rassembler sur un
flan monétaire de six ou sept centimètres de diamètre
autant de beauté et de puissance que dans une statue
colossale.

FIG. 22. — PENTÉKONTALITRON DE SYRACUSE,
SIGNÉ D'EVAINETOS.

Comme beaucoup de grands maîtres, Evainetos a
progressé constamment dans le cours de sa carrière et
modifié sa manière d'une façon sensible. A ses débuts,
dans les dernières années du ve siècle, son style et son
faire participent beaucoup de ceux d'Euménos, avec
qui il commence par être associé et qui semble avoir
été son maître. C'est Raphaël dans sa première manière,
encore sous l'influence du Pérugin. Evainetos a déjà,
de plus qu'Euménos, ce je ne sais quoi de divin où se
sent l'artiste de premier ordre ; mais il lui emprunte un

dernier reste de la raideur et de la dureté de l'ancien
style. Peu à peu sa manière s'assouplit et se perfec-
tionne, il gagne de la douceur et de la liberté, mais en
gardant toujours un accent de grandeur simple et de
sévérité jusque dans la grâce, qui atteint au sublime.
Comme précision et science du modelé, il est incompa-
rable; ses têtes de divinités respirent un souffle vraiment idéal. Il sait être riche sans tomber dans cet excès
d'ornements et de détails qui finit par rapetisser une
œuvre d'art. Son exécution arrive à une finesse égale à
celle de la gravure des intailles et des camées sur
gemmes. Cette finesse inouïe de travail est même son
écueil, car dans les figures de petite dimension des
revers des tétradrachmes il la pousse presque jusqu'à la
sécheresse. C'est à ce moment le plus complet du développement de son talent qu'il grave les coins des penté-
kontalitra et qu'il voit se dresser en face de lui, comme
son émule et son rival, Kimôn, lequel paraît lui avoir
survécu et avoir continué à graver après lui, de même
qu'Eukleïdas.

Au reste, ce n'est pas à l'école athénienne de Phidias
que se rattachent les graveurs syracusains, mais à
l'école dorienne de Polyclète. Le peu qui reste des
œuvres originales des sculpteurs de l'école d'Argos, qui
disputa un moment la palme à celle d'Athènes, présente comme art la plus étroite parenté avec les belles
monnaies syracusaines. C'est la même manière de sentir et de rendre la nature, la même conception de l'idéal,
la recherche des mêmes lignes.

En revanche, Théodotos, le graveur de Clazomène,
qu'il faut mettre sur la même ligne que les deux grands

Syracusains, se rallie par son style d'une manière manifeste aux enseignements presque romantiques — si semblable expression peut s'employer en parlant de sculpteurs grecs — des artistes qui travaillèrent à la décoration du tombeau de Maussólos et en firent une des
merveilles du monde. C'est encore un maître de premier
ordre, qui pour la noblesse du style et la science du
modelé peut rivaliser avec Évaïnetos lui-même. Mais

FIG. 24. — MONNAIE D'ARGENT DE CLAZOMÈNE,
SIGNÉE DE THÉODOTOS.

il n'a pas aussi bien compris les conditions spéciales
de la composition des types monétaires. En employant
au lieu d'un profil, pour décorer le droit de ses monnaies, une tête de trois quarts modelée en méplat, —
comme l'ont fait aussi, du reste, à Syracuse, Kimôn et
Eukleidas vers la fin de leur carrière, — il s'est laissé
aller trop complaisamment à une mode passagère de
son temps. Et s'il y a trouvé l'occasion de prouver dans
de très grandes difficultés toutes les ressources de son
talent, il a fait preuve de moins de goût et d'intelligence en ne discernant pas les inconvénients qui dé-

vaient empêcher l'établissement définitif de la mode à laquelle il a cédé, tandis qu'Evainetos n'y a jamais sacrifié.

La situation des graveurs de monnaies, autant que nous pouvons la discerner, n'était pas aussi honorable chez les Romains que dans la Grèce autonome. Tous étaient esclaves ou affranchis. Les deux grands graveurs en pierres fines, Agathopus et Epitynchanus, ont leurs épitaphes parmi les affranchis de Livie et y sont qualifiés d'*aurifices*. On possède l'épitaphe d'un certain Publius Ælius Felix, *præpositus scalptorum sacræ monetæ*, affranchi de l'empereur. On voit par là que les graveurs de la monnaie impériale étaient assez nombreux pour former une corporation régulièrement organisée sous un chef officiel. L'emploi du terme de *scalptores* pour les désigner a quelque intérêt, car ce terme est celui qui était aussi consacré en parlant des graveurs sur gemmes. Ceci s'accorde avec ce que nous avons remarqué de l'analogie des procédés des deux arts chez les anciens. Le ciseleur d'orfèvrerie et le graveur sur métal étaient appelés *cælator* et *incisor*.

CHAPITRE VII

PRINCIPES DE LA COMPOSITION DES TYPES
MONÉTAIRES

La monnaie complète et, pour ainsi dire, parfaite
chez les anciens comme chez les modernes est ornée
d'un type en relief sur ses deux faces; une légende, la
plupart du temps disposée circulairement au bord de la
pièce, accompagne chaque type ou l'un des types seulement. Quelquefois, les lettres de la légende sont gravées dans le champ de la pièce; enfin, il y en a qui forment une ligne horizontale ou plusieurs au-dessous du
type, comme en soubassement. Dans l'un et l'autre cas,
c'est là ce qu'on nomme ou plutôt ce qu'on devrait
nommer *exergue* ou *hors d'œuvre* (de ἐξ et ἔργον), quoique
l'usage ait prévalu de limiter la dénomination d'*exergue*
à la légende en soubassement[1]. C'est surtout à cette
dernière place qu'on rencontre, à partir de la dernière
moitié du IIIe siècle de l'ère chrétienne, ce qu'on appelle

1. Dans nos monnaies modernes, on a pris l'habitude d'appliquer le nom d'exergue à la légende placée sur la tranche du flan
monétaire.

le *différent*, c'est-à-dire les initiales destinées à indiquer
les différents lieux de fabrication de pièces aux mêmes
types, le plus souvent avec des désignations numérales
qui se rapportent aux diverses officines entre lesquelles
se divisait chaque hôtel des monnaies. Beaucoup de
pièces romaines offrent la réunion de ces trois sortes de
légendes; celles qui n'en ont qu'une sont rares; le plus

FIG. 24. — GRAND BRONZE DE TRAJAN.

grand nombre, surtout à l'époque impériale, montre
une légende circulaire sur chaque face.

L'usage ayant prévalu, par suite de l'établissement
du pouvoir absolu et du culte qu'on rendait à l'image
de l'empereur régnant, de faire de cette image le signe
prédominant de la valeur monétaire et sa garantie aux
yeux du public, le côté principal de la monnaie demeura
assigné à l'effigie et l'autre côté fut comme le développement du panégyrique officiel. Cette combinaison,
dictée par la politique, offrait aussi les meilleures conditions sous le rapport de l'art: la figure en pied, de
petite proportion, simple ou multipliée, du revers fai-

sant un contraste élégant avec la tête ou le buste représenté de l'autre côté. Aussi la disposition que nous venons de décrire est-elle celle du plus grand nombre des
monnaies de l'époque impériale. On n'en dévie que
pour présenter, du côté principal, affrontées ou conju-
guées, les têtes de plusieurs personnages ; ou bien pour
exprimer l'union de l'époux avec l'épouse, du frère
avec le frère, du père avec le fils, en gravant un buste
sur chaque face ;
ou, plus rarement
encore, comme
lors de la dernière
tentative républi-
caine qui suivit la
mort de Néron et
amena la procla-
mation de Galba,
en exilant l'effigie
impériale de la

FIG. 25.
MONNAIE IMPÉRIALE ROMAINE,
A DEUX TÊTES,
CARACALLA ET GÉTA.

monnaie et en ornant les deux faces de sujets en pied,
ainsi qu'on le rencontre assez souvent dans la série
dite consulaire. On voit que, sous ce rapport, il n'y
avait pas de règle absolue ; mais la convenance rappelait le plus fréquemment à la disposition que nous
avons signalée comme préférable à toutes les autres.

Elle avait été inspirée par le seul sentiment du goût
aux artistes qui travaillaient pour les villes libres de la
Grèce. Les cités dont la fabrication monétaire est la
plus élégante, Syracuse, Thurioi, Vélia, Terina, Néa-
polis de Campanie et beaucoup d'autres, en offrent, avant
le commencement des monnaies royales, des exemples

qui touchent à la perfection, tandis que les Perses, habitués à reproduire sur leurs monnaies la figure de leurs
princes, ne s'étaient pas avisés, pour leurs pièces officielles, de cette heureuse combinaison. Lorsque, par
une transition d'abord presque insensible des héros di-
vinisés aux rois dignes de l'être, l'idolâtrie pour Alexandre introduisit l'effigie royale sur les monnaies, le désir
de rendre plus reconnaissables les traits du prince

FIG. 26.
MONNAIE D'ARGENT DE TÉRINA.

fit adopter de préfé-
rence l'emploi du
buste[1], et c'est ainsi
qu'on vit se former
les séries royales de
la Macédoine, de
l'Égypte, de la Syrie,
du Pont, de la Bithy-
nie, de Pergame, de
Syracuse enfin à la dernière époque, qui servirent de
modèle aux monnaies des empereurs romains. A défaut
de ces exemples, les Romains en auraient trouvé dans
leurs propres usages. Toutes les familles illustres

1. Sur quelques monnaies frappées dans certaines villes grecques de l'Asie Mineure, comme Lampsaque et Colophon, sous
la domination des Achéménides, on trouve déjà des têtes sûre-
ment iconiques. Comme une des pièces en question porte au
revers le nom du célèbre Pharnabaze, on a pris l'habitude de voir
dans ces têtes des portraits de satrapes. Je crois une telle opinion
erronée et je ne saurais admettre que le grand roi ait laissé à
ses satrapes le droit d'effigie monétaire. A mes yeux, ces portraits
sont ceux des rois de Perse, et ce qui me confirme dans cette
idée, c'est le fait d'en trouver un sur une monnaie qui porte l'inscription ΒΑΣΙΛΕΩΣ, la désignant comme une monnaie du roi par
excellence, c'est-à-dire du monarque perse.

avaient les bustes en cire de leurs membres les plus célèbres. Aussi les magistrats monétaires, dans la décadence de la république, avaient-ils pris peu à peu l'habitude d'introduire sur les monnaies les bustes des personnages auxquels se rattachait la gloire de leur famille.

Mais il n'y a pas toujours une *face* et un *revers* sur

FIG. 27.

TÉTRADRACHME DE PERSÉE, ROI DE MACÉDOINE.

les monnaies; souvent deux types de même nature décorent les deux côtés de la pièce. Aussi les numismates, pour éviter l'impropriété du mot *face*, qui ne s'appliquait pas à la généralité des cas présentés par les monuments, ont-ils adopté l'expression de *droit* pour désigner le côté principal d'une monnaie, en conservant celle de *revers* pour désigner l'autre côté.

Quand on ne trouve pas une *face* et un *revers*, ce n'est pas toujours chose facile que de distinguer le *droit* du *revers* sur une médaille antique. Pour les monnaies grecques autonomes, s'il reste un vestige quelconque

du carré creux qui, primitivement, remplaçait le type
sur un des côtés de la pièce et était produit par une
pointe saillante sur laquelle on fixait d'abord la lentille
de métal pour l'empêcher de glisser sous le marteau ;
que ce vestige soit un renfoncement presque insensible,
soit même un carré simplement tracé par quatre lignes,
un tel indice suffit pour empêcher de confondre le côté
secondaire avec le côté principal. Dans ce cas, la présence d'une tête au
milieu du carré,
quand un type en
pied ou un attri-
but quelconque se
trouve sur l'autre
côté, ne suffit pas
pour déplacer les
indications. Ainsi

FIG. 28.
MONNAIE D'ARGENT DE METHYMNA.

la tête inscrite dans le carré au revers de quelques
pièces d'Abdère de Thrace, ornées de l'autre côté d'un
griffon, le buste d'Athéné, qu'on voit au fond du carré
creux de la médaille de Methymna, dont le type principal est un sanglier, n'empêchent pas les carrés où se
trouvent ces figures de désigner le revers. La concavité
des pièces dites *incuses*, avec un type en relief d'un côté
et un en creux de l'autre, joue le même rôle que le carré,
alors même qu'on rencontre au fond du creux un type
différent de celui qu'offre le relief. Lorsque toute trace
du carré primitif a disparu et qu'il n'y a pas une tête
pour indiquer le droit de la pièce, si l'on n'a pas la
ressource de remonter à l'époque du carré creux ou des
monnaies incuses et d'y constater la disposition relative

des types, on doit se guider d'après leur importance comparative.

La numismatique d'Agrigente est, sous ce rapport, une des plus embarrassantes, parce qu'on n'y trouve ni carré creux ni pièces incuses et que les têtes en sont généralement absentes. La plupart des monnaies d'argent de cette ville nous montrent d'un côté un aigle et de l'autre un crabe : l'aigle par son cri (καρκαρός : il est souvent repré-senté criant sur ces médailles), le crabe par son nom (καρκίνος),

FIG. 29.
TÉTRADRACHME D'AGRIGENTE,
D'ANCIEN STYLE.

renferment l'un et l'autre une allusion au nom de la ville ; on ne saurait donc comment se décider entre ces deux types, si l'on ne faisait attention que l'aigle seul se maintient d'un côté, quand sur l'autre, le crabe est remplacé par un char. Et comme les chars sont destinés à rappeler les victoires qui ont illustré les villes dans les grands jeux panhelléniques, cette allusion à un événement particulier ne peut être que l'accessoire du type principal. Il faut se souvenir, d'ailleurs, que l'aigle est l'attribut de Zeus, dieu protecteur d'Agrigente. Par conséquent, lorsqu'on trouvera, sur une médaille de cette ville, l'aigle d'un côté, le crabe de l'autre, on devra en commencer la description par l'oiseau de Zeus.

En étudiant les vicissitudes de la numismatique occidentale dans le cours du moyen âge, on y rencontre de nombreux exemples du déplacement des types. La numismatique des anciens en présente aussi quelquefois. Nous citerons comme exemples les monnaies de la Cyrénaïque. Les plus anciennes offrent un carré creux au revers du silphium; cette plante, qui faisait la richesse de la contrée, en a donc été d'abord le type principal. Le carré creux de la Cyrénaïque, primitivement rempli de signes grossiers et confus, a été ensuite orné de divers types, dont le dernier en date fut la tête de Zeus Ammon. On disposa cette tête au milieu d'un cercle inscrit dans le carré primitif, les quatre angles en étant réservés pour les quatre premières lettres des noms de Cyrène, de Barcé ou des Évespérites; puis, à Barcé en particulier, toute trace du carré disparut et il ne resta que le cercle qui entourait la tête de Zeus. A ce moment, il existait encore une certaine disproportion entre le silphium du droit et la tête du revers; cependant cette inégalité finit par disparaître, le cercle cessa d'être tracé, la tête acquit une forte dimension. A partir de là, elle devint le type principal, tandis que le silphium ne servit plus qu'à la décoration du revers.

Quoi qu'il en soit, dans le système de la monnaie grecque, le type a évidemment précédé la légende et il a conservé plus d'importance. Le choix du type eut pour objet de désigner la ville, le gouvernement ou le prince qui faisait frapper la monnaie. Une légende aurait rendu le même service; mais d'abord l'écriture alphabétique, quoique déjà en usage chez les Grecs, n'y avait encore qu'un emploi limité, et d'ailleurs il ne s'agissait pas seulement de parler à l'œil des ignorants ; une idée de décoration et par conséquent une pensée d'art se joignait à celle de l'utilité. Le type n'était pas seulement la garantie, mais aussi l'ornement de la monnaie.

La pensée de varier le type ne paraît pas s'être présentée originairement aux artistes monétaires ; au contraire, on tenait à sa fixité comme à celle

FIG. 30.

MONNAIE ARCHAÏQUE D'ÉGINE.

d'une marque de fabrique qui pût être reconnue par tous. Un type pour chaque ville, formant un relief au droit de la pièce et au revers un carré creux, varié suivant les pays (ce qui fournissait une indication de plus), telle s'offre donc à nous, dans sa simplicité, la monnaie primitive. Le type d'Égine

FIG. 31.

MONNAIE ARCHAÏQUE DE LA BÉOTIE

est la tortue ; nous avons, dès une époque très reculée, le gland de chêne à Orchomène, le bouclier béotien à Thèbes, le griffon à Téos, la partie antérieure du loup à Argos, le canthare à Naxos, la tête de lion à Milet, le pégase à Corinthe, etc. Celles de ces pièces dont l'antériorité est incontestable n'offrent aucune

trace de légende et le type n'en paraît pas susceptible
de variations. Cependant il y a quelques dérogations
à cette règle. Certaines pièces, qui semblent aussi
anciennes que les monnaies anépigraphes, nous offrent
l'indication de la ville, exprimée par une, deux ou
trois lettres, les premières de son nom, en outre du
type. Il y a même des monnaies primitives que l'on
pourrait appeler « bavardes », où, par exception, l'on
voit une inscription développée, dans laquelle, suivant
un vieil usage épigraphique, l'image représentée est
censée prendre la parole. Telle est la pièce d'argent
archaïque de Gortyne de Crète où on lit : Γορτύνος τὸ παῖμα,
« L'empreinte (est) celle de Gortyne ». Quant à la fixité
des types, la série du monnayage d'électrum des rois
de Lydie, qui semble marquer les origines mêmes de
la fabrication monétaire, se distingue par une certaine
variation sous ce rapport. Il est vrai que l'on peut
soupçonner que les changements de type y coïncident
avec les changements de règne.

Peu à peu, les progrès simultanés de l'art et des procédés de fabrication permirent de s'écarter de la simplicité rudimentaire des débuts du monnayage. Le carré
creux cessa d'abord d'être informe et reçut un type faisant pendant à celui de l'autre face. Puis le carré lui-
même s'effaça graduellement, et, lors de l'expansion
complète de l'art hellénique, il avait tout à fait disparu.
En même temps que ce progrès était réalisé, l'usage de
l'écriture se généralisait de plus en plus; on multi-
pliait les inscriptions sur tous les monuments, et, par
suite, on prenait l'habitude de placer presque constamment sur la monnaie une légende désignant le lieu de

fabrication ou l'autorité au nom de laquelle elle était
frappée. Avec ce nouveau moyen d'indication, de garantie légale du poids fixe et de la bonne qualité du
numéraire, il n'était plus besoin de s'en tenir à l'immu-
tabilité des anciens types. Les artistes avaient libre
carrière pour varier les sujets et les combiner de la manière qui leur paraissait la plus favorable à fournir une
décoration riche et conforme aux lois du goût.

Aussi ne fut-on pas longtemps, après qu'on eut admis
l'usage des légendes et celui de placer des types sur les
deux côtés du flan monétaire, à en venir à la distinction
de la face et du revers. Cette pensée est celle que réclament
le goût et les lois de l'esthétique. Deux types de même
nature sur les deux côtés d'une pièce de monnaie se
balancent avec trop d'égalité pour ne pas tomber forcément dans la monotonie; il est nécessaire qu'un des
deux côtés soit subordonné à l'autre. D'ailleurs, même
avec une légende, le type ne devient pas une chose de
pure fantaisie; son empreinte constitue une des garanties
de la monnaie, et peut-être toujours la principale. Il
importe donc que, des deux images imprimées sur la
pièce, une seule soit subordonnée à l'imagination de
l'artiste : un type principal et reconnaissable, qui complète et confirme les indications de la légende, est nécessaire. Mais avec une monnaie dont les deux faces sont
exactement parallèles et présentent des figures d'égale
importance, la distinction de ce type principal est,
comme nous l'avons déjà remarqué, presque impossible.
Elle est, au contraire, très facile avec une monnaie qui
a une *face* et un revers. L'écueil de la monotonie est en
même temps évité, et les plus délicates convenances de

l'art sont satisfaites par l'heureuse opposition des petites figures en pied, des animaux ou des symboles du revers, avec la tête ou le buste de plus grandes proportions empreint sur le droit.

Les progrès successifs dont je viens d'esquisser les principales phases n'ont point marché partout du même pas. Ici, ils ont été très vite réalisés d'une manière complète ; là, au contraire, des circonstances spéciales les ont singulièrement retardés. Telle ville qui fabriquait ses monnaies en très grande abondance et était parvenue à en faire un article d'exportation recherché en banque à l'étranger, a longtemps immobilisé les anciennes pratiques pour changer le moins possible l'apparence extérieure de ses espèces, auxquelles le commerce était habitué jusque dans les pays les plus reculés. C'est ainsi qu'a agi Cyzique, gardant le carré creux informe des débuts du monnayage sur le revers de ses statères d'électrum, qui pendant deux siècles jouèrent dans le monde hellénique le rôle d'une véritable monnaie internationale. Tant qu'elle en a frappé, ce trait primitif s'y est maintenu jusqu'au seuil du règne d'Alexandre le Grand, tandis que l'art le plus élégant et le plus perfectionné se déployait dans les types en relief du droit. Au contraire, Athènes, qui avait commencé par des monnaies ayant d'un côté la chouette et de l'autre un carré creux grossier, adopte dès le temps de Pisistrate un double type, la tête de Minerve au droit, la chouette dans le carré du revers. Puis, vers l'époque de Cimon, fils de Miltiade, le style même et la manière de représenter ce double type s'immobilisent ; jusqu'au temps d'Alexandre, l'art monétaire athénien reste sta-

tionnaire. Il semble qu'on le maintienne systématique-
ment en dehors de l'effort sublime que la sculpture
prend sous l'influence de Phidias. Tout artistes et pas-
sionnés amateurs du beau qu'ils se montrent, les Athéniens étaient encore plus marchands et banquiers. Ils
craignirent le trouble qui aurait pu être apporté dans
leurs transactions, si les peuples barbares avec lesquels
ils entretenaient un négoce si actif n'avaient plus reconnu l'aspect
qu'ils étaient
accoutumés à
voir à « ces
chouettes du
Laurion, qui
nichent dans
les bourses »,
comme disait
le poëte comi-

FIG. 12. — TÉTRADRACHME D'ATHÈNES,
DU Vᵉ SIÈCLE AVANT J.-C.

que, à ces tétradrachmes attiques auxquels l'exactitude
du poids et la belle qualité du métal avaient valu dans
tout le pays un cours de faveur.

A la fin du vᵉ siècle, une grande partie des cités
grecques ont répudié sur leurs monnaies tout vestige
de l'ancien carré creux, dont un type était venu d'abord
remplir l'intérieur. Quelques autres, au contraire, surtout en Asie, font persister ces vestiges jusqu'au milieu
du ivᵉ siècle, et même un peu au delà, comme nous
l'observons, par exemple, à Kition de Cypre. Enfin il
est certaines cités qui, sous ce rapport, ont eu sur les
autres une avance singulière et ne semblent même pas
avoir connu la pratique du carré creux. Dès le courant

du vi⁰ siècle, quelques villes grecques de la Sicile frappent des espèces dont les deux faces sont également planes, l'une et l'autre avec un type en relief, d'une saillie peu accusée et d'un style qui rappelle étroitement celui des vases peints à figures noires, d'une exécution particulièrement soignée et précieuse. Même dans une de ces villes, à Naxos, les espèces du vi⁰ siècle,

FIG. 33.
MONNAIE D'ARGENT ARCHAÏQUE
DE NAXOS.

conçues dans ce système, nous offrent au droit la tête de Dionysos barbu, et au revers un des symboles de ce dieu, la branche de vigne chargée de raisins.

Lorsqu'il y a une tête sur le droit des monnaies, elle est presque constamment de profil. Cependant il y eut une époque

FIG. 34.
MONNAIE D'ALEXANDRE,
TYRAN DE PHÈRES.

où les peuples grecs les plus civilisés adoptèrent presque simultanément le type de la tête de face ou de trois quarts. Ce fut celle où vivait Alexandre, tyran de Phères, en Thessalie, qui lui-même prit part

à ce mouvement en frappant une superbe pièce d'argent
avec la tête d'Artémis vue de face, c'est-à-dire l'époque
où les victoires d'Epaminondas et de Pélopidas assu-
rèrent temporairement la prépondérance de Thèbes sur
le reste de la Grèce. Dans le même siècle, si l'on en
juge par le style des monnaies, un très grand nombre
de villes de toutes les parties du monde hellénique, en
Asie comme en Europe et jusque dans la Cyrénaïque,
les unes fameuses, les autres obscures, firent représenter
leurs divinités tutélaires de face sur leurs monnaies.
C'était, au point de vue de la perfection matérielle, le
dernier effort de l'art monétaire. C'était l'application,
dans cette branche de la plastique, de la découverte
que Cimon de Cléones venait de faire dans la peinture,
en représentant le premier des têtes de face, de trois
quarts et à profil perdu, que Polygnote et Micon eux-
mêmes n'avaient pas osé aborder, invention qui avait
rapidement passé dans le domaine de la sculpture. Mais
si cette innovation sur les monnaies avait d'abord paru
un progrès admirable, on y renonça bientôt. Les têtes
de face parurent monotones. Le goût exquis des Grecs
leur fit bientôt sentir combien l'emploi du profil était,
au seul point de vue des lois de l'art, supérieur à celui
de la face sur les espèces monétaires. En même temps
on reconnut qu'il fallait, pour y placer des têtes de ce
genre, donner aux types des monnaies un relief qui,
s'usant sous le frottement, les exposait à une dété-
rioration rapide et préjudiciable. Aussi dès le temps
d'Alexandre le Grand était-on revenu à des profils dont
les reliefs adoucis assuraient à la monnaie plus de
durée, avec une atténuation de poids moins rapide.

CHAPITRE VIII

Dans quel ordre d'idées puisa-t-on d'abord les types que l'on choisit?

« Thésée, dit Plutarque, — le fait qu'il allègue est entièrement fabuleux, — Thésée fit frapper une monnaie ayant pour type un bœuf, soit à cause du taureau de Marathon, soit à cause de Tauros, le général de Minos, soit enfin pour tourner l'esprit de ses concitoyens vers l'agriculture ». Ainsi nous avons trois opinions sur l'origine d'un seul et même type. Les modernes, dans l'explication des types monétaires de l'antiquité, ont suivi la même méthode que Plutarque; ils y ont cherché indifféremment des allusions relatives à la religion, à la mythologie, à l'histoire et à la vie commune, non sans insister, toutes les fois qu'ils en ont trouvé l'occasion, sur l'emploi de ce que l'on appelle dans le blason les *armes parlantes*. Ainsi, pour eux, à Athènes, la tête de Minerve et la chouette indiquent la religion locale, et de plus le nom de la ville (Ἀθηνᾶ — Ἀθῆναι); il est constant qu'Anaxilaos, tyran de Rhégion dans le

commencement du v⁰ siècle avant l'ère chrétienne, fit
représenter sur les monnaies de Messana, ville dont il
avait fait la conquête, le char traîné par deux mules
qu'il avait introduit le premier dans les jeux Olym-
piques ; enfin c'est un lieu commun que d'expliquer
l'épi des médailles de Métaponte par la fertilité du territoire de cette ville.

L'expérience apprend qu'il ne faut pour ainsi dire jamais, en archéo-
logie, poser des
règles générales
et inflexibles ; et
c'est pourquoi
nous admettons,
suivant les
circonstances,
toutes ces maniè-
res d'expliquer

FIG. 35.
MONNAIE D'ARGENT DE MÉTAPONT

les types monétaires. Toutefois il importe de remarquer, premièrement, que les sujets historiques sont les
plus rares et ne se trouvent d'ailleurs jamais sur les
monnaies autonomes d'une ancienne époque qu'associés avec des emblèmes religieux d'une signification
plus constante. Ainsi, les quadriges sur les monnaies
de Syracuse, se rapportant aux jeux de la Grèce où les
tyrans de cette ville avaient remporté la victoire, paraissent sous Gélon et le premier Hiéron, comme sous
Denys l'Ancien, au revers de la tête d'Aréthuse, la
nymphe de la fontaine d'Ortygie. Secondement, les
symboles empruntés à la vie commune ne se reproduisent jamais sans une intention religieuse. Ainsi l'épi

de Métaponte, qu'on a pris longtemps pour un simple emblème de la fécondité des campagnes environnantes, ne diffère pas de « la moisson d'or », χρυσέα θέρος, que ce peuple avait consacrée à l'Apollon de Delphes ; c'est un attribut de Déméter, la divinité qui, dans les traditions mythologiques du pays, joue le principal rôle. Le taureau qui retourne la tête des monnaies de Sybaris, ou le même animal cornupète, c'est-à-dire frappant la terre avec sa corne, ne sont pas uniquement l'indice de beaux pâturages et de grands troupeaux. Si l'on n'a pas découvert jusqu'ici le sens religieux du premier de ces emblèmes, ce n'est pas une raison pour croire qu'on ne peut le prendre que dans le sens primitif. Que l'on examine, par exemple, la vache allaitant son veau des médailles de Dyrrachium et d'Apollonia d'Illyrie. Avant que les monuments asiatiques eussent fourni la preuve que c'était là un des principaux emblèmes religieux de l'Orient, on en serait resté à l'explication la plus directe, et on aurait conclu de cet emblème que les Grecs établis en Illyrie se vantaient de la beauté de leurs vaches laitières. C'est dans l'acte de frapper la terre avec sa corne que l'on représente sur les monuments le taureau dionysiaque, ou plutôt Dionysos lui-même quand il se manifeste sous la forme de cet animal. La multiplication du type qui le représente, dans la numismatique de la Grande-Grèce, est en rapport direct avec le développement exceptionnel qu'y avait pris la religion dionysiaque. Déjà, pour Sophocle, Bacchus est le dieu « qui règne sur l'Italie », et Macrobe nous apprend que le Dionysos Hébon de la Campanie était tauromorphe.

La présence des symboles parlants sur les monnaies grecques ne saurait être révoquée en doute. Il est vrai que l'exemple si longtemps tiré des prétendues monnaies de Cardia ne peut plus être allégué; le soi-disant cœur représenté sur ces pièces est en réalité une graine de silphium, et les pièces elles-mêmes ont été restituées à la Cyrénaïque. Mais on a pour une époque suffisamment ancienne la pomme,

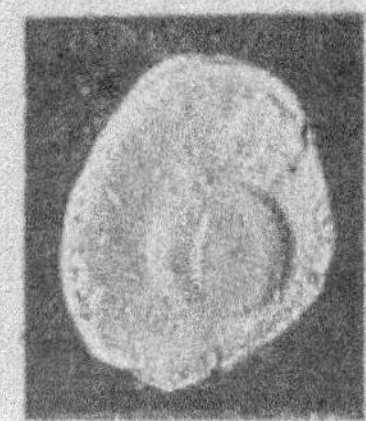

FIG. 36. — MONNAIE DE SIDÉ
AU TYPE DE GRENADE.

μῆλον, de l'île de Mélos; la grenade, σίδη, de Sidé de Pamphylie; le grain d'orge, κριθή, de Crithoté; la feuille de persil, σέλινον, de Sélinonte; plus tard, la rose, ῥόδον, de Rhodes, etc.

FIG. 37.

MONNAIE D'ARGENT DE RHODES.

Même alors, toutefois, il faut considérer si, avant de jouer sur le mot et la figure, on n'a pas fait choix du type par un motif d'un ordre plus élevé. Ainsi la tête d'Athéna indique avant tout la monnaie d'Athènes, et la figure en pied de Poseidon, la monnaie de Poseidonia, parce qu'Athéna

et Poseidon étaient les principales divinités de chacune
de ces villes. Il en est de même de la nymphe Rhodé,
amante d'Hélios, qui donna son nom à l'île de Rhodes,
et qui jouait le principal rôle dans la mythologie de
cette île. La figure parlante de la rose ne venait qu'à
la suite de la nymphe, protectrice de la cité, et comme
son emblème. Les dauphins δελφίνες, qu'on voit sur les
monnaies de Delphes, font allusion au nom de la ville;
mais, avant tout, les dauphins étaient consacrés à
Apollon, le dieu de la localité. Ce qui fixe le caractère
des figures allusives à des noms, ce sont celles qui se
rapportent, non à la dénomination de la ville, mais à
celle d'un personnage dont le nom se rattache à sa
tradition. Ainsi sur les médailles de Dardanus de
Troade, le coq, ἀλεκτρυών, rappelle, non le héros éponyme, mais la Nymphe qu'on lui donnait pour mère,
Electra. Dans les autres cas, sur lesquels on ne trouve
pas d'explications directes, il est donc toujours à pré-
sumer qu'un motif religieux a présidé à l'adoption du
type, indépendamment de l'emploi des armes parlantes.

Dans beaucoup de villes, on trouve ensemble une
figure et un symbole, tous deux relatifs à la religion du
pays. A Athènes, par exemple, la figure est celle
d'Athéna, le symbole est la chouette, attribut ordinaire
de cette divinité. Chez les Éléens, l'aigle est le symbole
et la figure celle de Zeus. Dans ces deux circonstances,
la figure et le symbole sont unis par un rapport étroit.
Si la médaille n'offre que la chouette ou l'aigle, la
Minerve de l'Acropole, le Jupiter d'Olympie sont aussi
clairement rappelés que si l'on avait reproduit leur
image. Quelquefois on a rapproché un type religieux et

un type mythologique, sans donner à l'un plus d'importance qu'à l'autre. Ainsi les plus anciennes monnaies de Corinthe nous montrent Pégase, à cause de la tradition locale de Bellérophon. Puis arrive bientôt le buste casqué d'une déesse : ce n'est point Athéné, la conseillère de Bellérophon, car à Corinthe on adorait sur l'Acropole Aphrodite armée, et le buste de Vénus, sans armes, s'échange souvent sur les pièces de la même ville avec celui de la déesse casquée. De très bonne heure néanmoins, pour les pièces du plus fort module, la réunion des types d'Aphrodite

FIG. 38.

MONNAIE D'ARGENT DE CORINTHE.

armée et de Pégase est devenue le signe caractéristique des monnaies, non seulement de Corinthe, mais des nombreuses colonies sorties de son sein.

Quelquefois le rapprochement des types s'est opéré avec un parfait équilibre entre deux sujets ou deux symboles. Ainsi dans la Thessalie, contrée célèbre par ses chevaux et par l'habileté avec laquelle ses habitants domptaient les taureaux sauvages, on a accouplé de bonne heure le cheval et l'éphèbe domptant un taureau. A Téos, on a réuni deux attributs de Dionysos, divinité principale du pays, le canthare et le griffon.

Les monnaies royales grecques portent pour la plupart un type religieux, figure ou symbole, au revers de l'effigie du souverain. Sur les espèces des Ptolémées, une des faces est invariablement occupée par l'aigle de Zeus et l'autre par la tête royale. Dans la numismatique des rois de Pergame, aux traits des différents Attales et Eumènes est opposée l'image d'Athéné, divinité protectrice de leur capitale. Sur les tétradrachmes des Séleucides de Syrie, le type le plus habituel du revers est

FIG. 19. — TÉTRADRACHME D'ANTIOCHOS II, ROI DE SYRIE.

Apollon assis sur l'omphalos mantique, parce que ces rois prétendaient tirer leur origine du dieu de Delphes. Les drachmes des Arsacides offrent en parallèle avec l'effigie royale l'image d'Arsace, le fondateur de la dynastie, mais d'Arsace divinisé et devenu l'objet des adorations du culte officiel.

A côté de ces types principaux et constants, — presque toujours, comme nous venons de le faire voir, empruntés à la religion, — la numismatique des cités autonomes ou des rois offre aussi des types secondaires d'un ordre moins élevé, ou bien inspirés par des circonstances temporaires. Avec un peu d'expérience on les distingue facilement. Ainsi, à Tarente, le dieu principal était Poseidon, le héros éponyme Taras son fils ; mais au moment où Alexandre, fils de Néoptolème, vint au secours des Tarentins contre Rome, ceux-ci firent frapper, au nom du roi d'Épire, une monnaie d'or qui montre d'un côté la tête de Zeus et de l'autre le foudre, attribut de ce dieu, parce que l'Épire était le siège du culte de Zeus Dodonéen. Les plus multipliés de ces types de circonstance, surtout dans la Sicile et la Grande-Grèce, sont ceux qui se rapportent aux jeux publics. Dans certaines villes, comme à Syracuse et à Tarente, ils tiennent autant de place

que les types permanents empruntés à la religion du pays. A Syracuse, ce sont les courses de chars, à Tarente, les courses de chevaux ; les variantes de celles-ci sont multipliées, pour ainsi dire, à l'infini et forment comme une galerie complète de ce divertissement si cher aux Grecs, depuis la préparation des coursiers jusqu'au couronnement du vainqueur. On remarque, au droit des mêmes pièces, une égale diversité d'attributs pour ce qui regarde, ou le héros Taras porté sur le dauphin, ou la personnification du peuple de Tarente. Encore a-t-on la preuve que les artistes qui gravaient les monnaies de la république Tarentine, en empruntant les sujets de leurs coins aux courses de chevaux, n'avaient pas l'intention d'y représenter de simples coureurs, mais bien les héros qu'on regardait comme présidant à ce divertissement, c'est-à-dire les Dioscures. Une inscription les désigne en effet par leur nom, sur une pièce d'or d'un travail particulièrement exquis et soigné.

Outre les types représentés en grand sur les deux faces de la pièce, il y en a d'autres de plus petites dimensions, qui contribuent à donner beaucoup de charme et d'intérêt à la numismatique grecque. L'origine de ces petites figures est loin d'être partout la même. Quelquefois, c'est le type principal des monnaies primitives qui devient accessoire. A Sidé de Pamphylie, par exemple, la grenade, qui décorait seule les plus anciennes médailles, se retrouve plus tard, dans une proportion réduite, à côté de la Victoire, devenue le type principal. Cet amoindrissement d'importance ne se remarque pas seulement dans l'emploi des symboles. Les figures de divinités y sont sujettes dans certains cas. Ainsi le dieu à queue de poisson, dans lequel on doit reconnaître le Tan ou Tanin des Phéniciens et qui forme la décoration des plus anciennes monnaies d'Itanos de Crète[1], finit, sur les pièces plus récentes, par ne plus occuper qu'une très petite place à côté de l'aigle, adopté désormais comme type ; ici c'est le progrès de l'hellénisme qui a mis au second rang la divinité orientale. Quelquefois, le symbole allusif au nom de la ville ne se

---

1. Le nom d'*Itanos*, d'origine phénicienne, signifie dans la langue de Kena'an « l'île de Tan ». Le Tanin apparaît dans la Bible comme un monstre marin, à demi fabuleux.

trouve qu'en accessoire, comme sur les grandes pièces d'Acanthos de Macédoine, dont le type ordinaire est le groupe emprunté à la symbolique de l'Asie, du lion terrassant le taureau ou le sanglier, et à l'exergue desquelles on rencontre souvent la plante de l'acanthe.

Dans d'autres cas, les symboles accessoires servent à compléter l'idée exprimée par le type

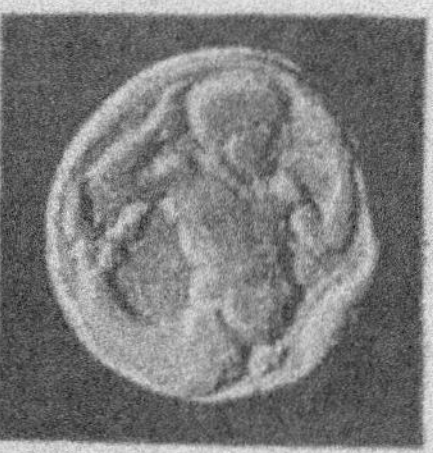 

FIG. 41. — MONNAIE D'ARGENT D'ITANOS, DU PLUS ANCIEN TYPE.

principal. En voici un exemple. Le territoire de Sybaris appartenait à une divinité terrible et destructive ; après la ruine de cette ville, les Athéniens, ayant bâti à la même place celle de Thurioï, introduisirent sur les monnaies de la nouvelle cité la tête d'Athéné, leur divinité éponyme.

FIG. 42. — MONNAIE D'ARGENT D'ITANOS, DU TYPE POSTÉRIEUR.

Mais comme on voulait rappeler en même temps et honorer la déesse primitive, objet d'une terreur superstitieuse, on décora le casque d'Athéné d'une figure de Scylla, et on grava à l'exergue l'image du rémora *echenéis*, poisson qui, malgré sa dimension exiguë, passait pour avoir la puissance d'arrêter la marche des vaisseaux dans la mer, de même que Scylla les entraînait et les brisait.

FIG. 43. — TÉTRADRACHME DE THURIOI.

D'autres fois, le type accessoire ne semble être qu'un jeu de l'artiste, qui a profité de l'occasion pour figurer une particularité singulière de la nature locale; ainsi, sur quelques monnaies de Cyrène, on voit la gerboise

FIG. 44.
MONNAIE D'ARGENT D'EMPORIA.

posée sur une des feuilles du silphium. Ces jeux, dont plusieurs peuvent avoir une signification religieuse, envahissent jusqu'aux types principaux. On voit une face humaine dessinée sur le crabe d'une rare médaille d'Agrigente; la tête et les oreilles du Pégase des monnaies d'Emporia en Espagne sont souvent disposées d'une telle manière qu'avec de l'attention l'on y reconnaît un génie ailé, qui semble accroupi sur l'encolure du cheval. Sur certaines oboles de Massalie, d'un fort beau style, la joue de la tête d'Apollon du droit porte, au lieu de favoris, des lettres grecques très fines imitant les poils de la barbe, qui semblent être des initiales de noms de graveurs.

Lorsqu'un même type, tel que celui d'une métro-

FIG. 45. — TÉTRADRACHME D'ALEXANDRE LE GRAND, AVEC LE SYMBOLE DE RHODES.

pole ou d'un prince puissant, a été employé sur des monnaies qui se frappaient simultanément dans un grand nombre de villes différentes, l'émission de chacun des ateliers se distingue d'ordinaire par un petit type accessoire, placé dans le champ. Sous ce rapport, il importe d'étudier la série des colonies de Corinthe, celle de la Ligue Achéenne, et surtout les statères d'or et les tétradrachmes d'argent fabriqués au nom d'Alexandre le Grand, sur le revers desquels, à côté de la Victoire ou du Zeus Aëtophoros, on rencontre les symboles d'une quantité de villes réparties sur l'immense superficie de territoire qui s'étend dans une direction de la Chersonèse Cimmérienne jusqu'à l'Égypte, et dans l'autre de l'Acarnanie aux rives de l'Indus.

Sur les monnaies des cités grecques autonomes, l'origine la plus habituelle et la plus connue des symboles accessoires se rattache à l'usage, prouvé par les fameuses *Tables d'Héraclée*, qu'avaient les magistrats grecs de choisir un emblème particulier, plus ou moins directement en rapport avec leur nom, et qui devenait le complément obligé de leur signature. C'est l'empreinte de son propre cachet que le magistrat chargé du monnayage place ainsi sur les espèces, à côté du type public et officiel, en l'accompagnant quelquefois de l'inscription de son nom, comme marque destinée à établir sa responsabilité personnelle en cas de fraude ou d'irrégularité. Il y a même des cités, comme Abdère de Thrace vers la fin du v⁰ siècle avant notre ère et dans le ıv⁰, qui ont élevé l'emblème personnel du sceau du magistrat dont leurs monnaies portent la légende au rang d'un des types principaux de ces monnaies. Tandis que le droit des pièces porte invariablement le griffon, symbole de la cité, le carré creux du revers est occupé par une représentation qui change avec le nom propre d'homme inscrit autour. Dans la numismatique d'Athènes, Beulé a établi que l'emblème du magistrat nommé le second sur les tétradrachmes postérieurs à Alexandre, lequel y est à l'état de petit type accessoire dans le champ, devient par une règle constante le type principal du revers des mon-

naies de cuivre, correspondant à chaque groupe de ces
tétradrachmes.

Sur les statères de Cyzique et les hektai d'électrum
de Mitylène et de Phocée, nous constatons l'emploi
d'un système particulier pour distinguer les émissions
produites pendant la durée de la charge de chaque monétaire successif. C'est l'emblème de la ville, le thon à
Cyzique, le phoque à Phocée, qui passe à l'état de symbole accessoire, subor-
donné au type princi-
pal; tout emblème de
ce genre fait même dé-
faut sur l'électrum de
Mitylène. Quant au
type principal, il change
à chaque émission; et

FIG. 46.
STATÈRE DE CYZIQUE.

particulièrement à Cyzique, où la fabrication a été la
plus abondante et la plus prolongée, le changement de
ce type déroule à nos yeux tout un cycle de représentations, empruntées aux traditions religieuses de la cité,
imitées des types des villes avec lesquelles elle avait les
relations commerciales les plus habituelles, ou bien
allusives aux faits historiques contemporains, dont la
variété est presque infinie. Il est clair qu'avec ce système
de changer les types à chaque émission, c'est la représentation du type principal qui prenait un caractère
personnel et établissait la responsabilité du monnoyer
sous l'administration de qui l'on avait adopté tel ou tel
type.

Les règles que nous venons d'esquisser, les obser-
vations que nous avons rassemblées, montrent le déve-

loppement du type depuis les débuts du monnayage chez les Grecs. Le génie hellénique resta fidèle à ces principes tant que dura l'indépendance des villes grecques ; là où se perpétuèrent les formes de l'autonomie complète, les influences étrangères ne modifièrent que très peu les anciennes habitudes. La monnaie de bronze d'Athènes, qui n'offre jamais l'effigie des empereurs romains et qui semble avoir continué à se fabri-

FIG. 47. — MONNAIE DE CUIVRE D'ATHÈNES
AVEC LA DISPUTE D'ATHÉNA ET DE POSEIDON.

quer jusqu'à la fin du III siècle après Jésus-Christ, est l'exemple le plus frappant qu'on puisse offrir de cette constance. Les sept huitièmes des pièces frappées à Athènes, sous la domination des Romains, rentrent sans difficulté dans les catégories que nous avons tracées en parlant de la numismatique du temps où régnait la véritable indépendance, de fait comme de forme. On s'en écarte seulement quelquefois en reproduisant avec une fidélité servile certains groupes célèbres de sculpture qui décoraient l'Acropole ; ceux, par exemple, de la dispute d'Athéna et de Poseidon, de Thésée soule-

vant le rocher pour y trouver les signes de reconnaissance de son père ou bien combattant le Minotaure; certaines statues particulièrement fameuses comme le
colosse de l'Athéna Promachos de Phidias ou le Zeus
de Léocharès, celles que l'on dédiait encore à nouveau
par exception, comme le Jupiter Olympien du temple
achevé par Hadrien; en représentant le rocher de l'Acropole avec les temples qui le couronnent, son escalier

monumental et
la grotte de Pan
ouverte dans ses
flancs, ou bien
des édifices fa-
meux de la ville,
comme le Théâ-
tre de Bacchus.
Au contraire,
dans la série dite
des *Impériales*

FIG. 48.
MONNAIE DE CUIVRE D'ATHÈNES
AVEC LA VUE DE L'ACROPOLE.

grecques, les types compliqués, purement allégoriques,
historiques et topographiques, sont indéfiniment multipliés. C'est à tel point que le savant et vénéré doyen
des architectes britanniques, M. Donaldson, a pu consacrer un ouvrage entier à l'étude des monuments
d'architecture retracés sur les impériales grecques et
sur les monnaies de coin romain. Nous avons, en
effet, en particulier, sur les pièces fabriquées aux
temps impériaux dans les villes asiatiques, l'image de
tous les édifices renommés dont ces villes se faisaient
gloire, principalement de leurs temples. Et ces représentations n'ont aucunement un caractère de fantaisie;

elles sont très précises, d'une grande exactitude, et
fournissent des documents de la plus haute valeur pour
la restitution des monuments qu'elles mettent sous nos
yeux dans leur intégrité.

Rien de semblable n'avait eu lieu dans les beaux
siècles de l'art, à l'exception de la médaille vraiment
topographique de Zanclé, la ville qui précéda Messine;
cette monnaie représente en plan la fameuse faucille

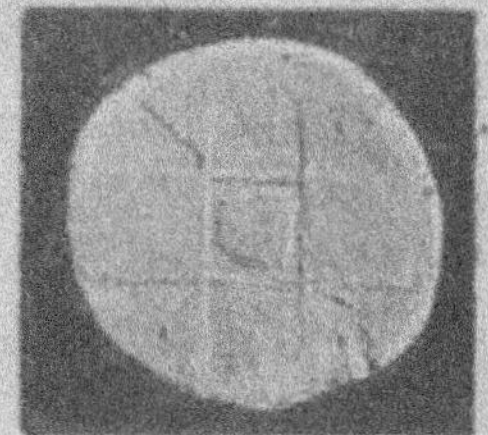

FIG. 49. — MONNAIE D'ARGENT DE ZANCLÉ.

dont le port de cette ville dessine naturellement la
forme (encore la faucille, ἐξάπχνον, est-elle même un
emblème mythologique), avec quelques indications
sommaires des édifices construits tout autour du port,
à l'exception aussi du petit nombre de pièces sur lesquelles on voit des tombeaux ou d'autres édifices de
forme pyramidale. Le type d'une monnaie de Térina,
dans la Grande-Grèce, combine très ingénieusement la
représentation d'un des monuments principaux de la
ville avec un sujet mythologique. On y voit la Victoire
remplissant une hydrie à la fontaine Agé, désignée par

l'inscription de son nom, fontaine qui jaillit d'une ou-
verture en forme de mufle de lion.

Mais quant à la reproduction des chefs-d'œuvre de
la sculpture, cet usage remonte à la plus ancienne
époque et se justifie par les plus illustres exemples.
Les graveurs des monnaies devaient emprunter le plus
communément les types dont ils faisaient usage aux
monuments de grande dimension. En agissant ainsi,
ils se confor-
maient aux
sentiments de
la vénération
et de l'admi-
ration publi-
ques, et trou-
vaient un
appui pour
leur propre in-
expérience.

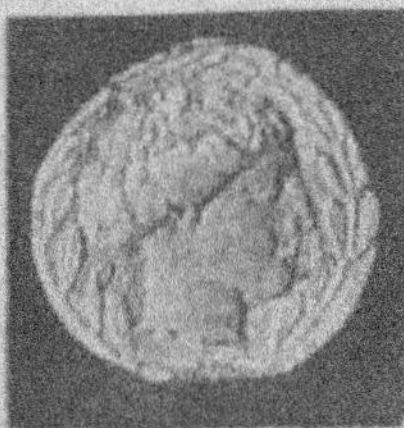

FIG. 50.

MONNAIE D'ARGENT DE TÉRINA.

Mais ces emprunts, dont chaque jour on acquiert des
preuves multipliées, ne se faisaient pas sans un degré
considérable de liberté. L'admirable tête de Zeus qui
décore les monnaies d'argent des Eléens, celle de Héra
que l'on voit sur les plus grandes pièces d'Argos, du
même métal, nous offrent des imitations certaines des
statues chryséléphantines, où Phidias à Olympie et Polyclète à Argos avaient donné la plus haute expression
de leur génie. Mais c'est plutôt un écho de ces immor-
telles créations qu'une copie proprement dite; bien des
détails ont été simplifiés et changés en vue des conditions particulières de l'art monétaire. Le graveur a

puisé son inspiration dans l'œuvre du sculpteur; il a
suivi le type que celui-ci avait créé; mais il ne s'est pas
attaché à une reproduction littérale, et il a voulu que
son œuvre propre eût encore une certaine individualité.
La copie est plus directe, plus exacte jusqu'aux petits
détails, dans la reproduction de la tête de l'Athéna
Parthénos de Phidias, en or et en ivoire, qui est placée
au droit des tétradrachmes athéniens de la série la plus

FIG. 51. — MONNAIE D'ARGENT DE L'ÉLIDE,
AVEC LA TÊTE DU ZEUS DE PHIDIAS

récente et dont l'apparition sur les monnaies a peut-
être coïncidé avec le second anniversaire séculaire de
la dédicace de ce colosse par Phidias. Comme représentation intégrale d'une statue sur le revers d'une
monnaie, l'un des plus anciens exemples que l'on
puisse citer est celui du tétradrachme frappé à Lacédémone après la bataille de Sellasie, avec la tête d'Antigone Doson, roi de Macédoine; il montre sur son autre
face l'idole archaïque de l'Apollon Amycléen. Quand
Antiochos Epiphane, roi de Syrie, dédia dans le temple
de Daphné une statue de Zeus Olympien copiée de celle

de Phidias, il en fit placer l'image sur ses tétradrachmes. Sur le revers d'une partie de leurs monnaies de bronze frappées dans le iiie et le iie siècle avant l'ère chrétienne, les Athéniens ont adopté pour type la reproduction du vieux *xoanon* de Zeus Policus. Tous ces exemples appartiennent au temps des monarchies issues des débris de l'empire d'Alexandre. Dans une époque antérieure, c'est bien plus librement que

FIG. 52. — TÉTRADRACHME ATHÉNIEN
DE LA DEUXIÈME SÉRIE.

les Messéniens imitèrent sur leurs grandes pièces d'argent le Zeus Ithomaios d'Agéladas, le conseil des Amphictions le colosse de bronze d'Apollon élevé après la Guerre Sacrée, Alexandre le Grand la statue du Zeus Bottiaios qui recevait les adorations à Pella, sa capitale. Ce n'est plus de la même manière, en modifiant certains agencements en vue de la convenance de l'effet sur le coin monétaire, que l'on procède au temps de la domination impériale romaine. Le but que les villes grecques se proposent alors, en adoptant des types de ce genre, est de répandre la connaissance des chefs-d'œuvre qu'on

leur a laissés et qui font encore leur gloire et leur
richesse. Ils copient donc les statues servilement et de
manière qu'on voie bien que ce sont ces œuvres mêmes
des grands siècles qu'ils retracent.

En somme, le génie grec, tant qu'il n'a pas subi
d'influences étrangères, a voulu que la monnaie fût une
œuvre d'art et que tout ce qui s'y rattache fît partie
d'une composition harmonieuse, dont rien ne dérangeât

FIG. 53. — TÉTRADRACHME DE LACÉDÉMONE
A LA TÊTE D'ANTIGONE DOSON.

l'heureuse symétrie. Ainsi les Grecs n'ont jamais admis
que l'indication des valeurs et des divisions monétaires
prît place sur le champ des pièces; c'est un des caractères de la monnaie purement hellénique, qu'on n'y voit
ni chiffres ni points numéraux. Dans le plus grand
nombre des cas, les indications de ce genre manquaient
totalement; quelquefois, elles résultaient de combinaisons ou naïves ou ingénieuses, mais qui n'excluaient
jamais l'élégance. Par exemple, sur les plus anciennes
monnaies euboïques et béotiennes, la moitié d'un
cheval, d'un vase, d'un bouclier, indique la moitié de

la pièce sur laquelle ces emblèmes sont figurés en
entier. Le duc de Luynes a remarqué le premier que le
nombre des chevaux des chars, sur les monnaies d'argent de Syracuse, servait à désigner le nombre de
drachmes dont se composait chaque pièce. Quelquefois,
certains types paraissent affectés à certaines valeurs à
Syracuse ; aussi le poulpe est la marque de la litra d'argent[1]. Dans la série des pièces d'argent d'Athènes, fabriquées entre le temps de Cimon, fils de Miltiade, et celui
d'Alexandre le Grand, presque toutes les valeurs monétaires sont marquées par une modification dans la pose
de la chouette qui sert de type commun sur les revers ;
elle est de face ou de trois quarts, elle a les ailes ou-
vertes, fermées ou à demi déployées.

Le génie hellénique n'a jamais admis qu'avec beaucoup de réserve, et sous une forme idéale et symbolique,
les indications historiques, et c'est en grande partie ce
qui rend si difficile le classement chronologique des
monnaies d'une même ville. Nous avons déjà cité la
manière dont les Tarentins célébrèrent l'arrivée
d'Alexandre, roi d'Épire. Quand Timoléon eut rendu
la liberté aux Syracusains, ils firent frapper une monnaie d'or dont le type principal est la tête de Zeus Eleu-
therios ou libérateur. Plus tard, Agathocle, voulant
laisser sur la monnaie un souvenir de la défaite des
Carthaginois, y fit représenter la Victoire élevant un
trophée composé d'armes puniques. Ce qu'il y a de positif dans cette indication était déjà une altération grave

---

1. Petite monnaie ainsi nommée parce que sa valeur correspondait originairement à celle d'une livre de cuivre.

aux principes qui avaient jusque-là présidé à la décoration de la monnaie. Un siècle et demi plus tôt, Gélon
et Hiéron Ier avaient voulu faire allusion, sur les monnaies qu'ils faisaient frapper au nom du peuple de Syracuse, aux deux grandes victoires qu'ils avaient rempor-
tées : le premier, en écrasant les Carthaginois sur terre
à Himéra, le même jour que Thémistocle triomphait à
Salamine ; le second, en assurant la liberté des mers par

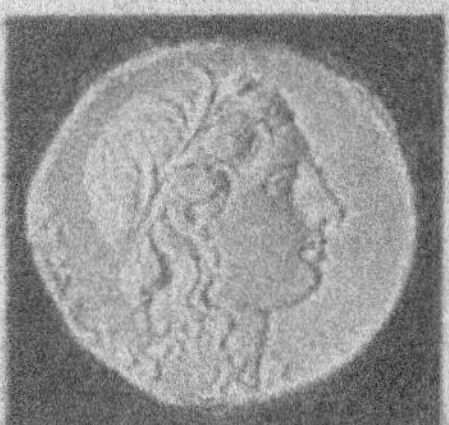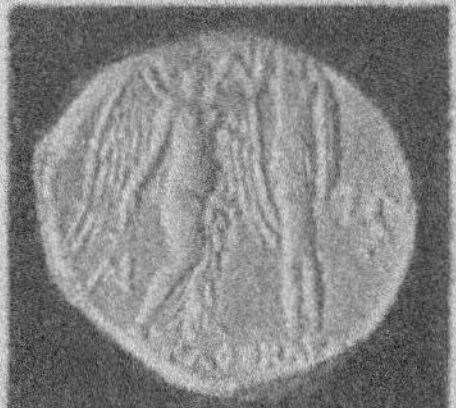

FIG. 54. — TÉTRADRACHME D'AGATHOCLE.

la destruction de la flotte des pirates tyrrhéniens devant
Cumes. Pour atteindre ce but, ils s'étaient bornés à
placer à l'exergue du revers des pièces d'argent, au-dessous du quadrige qui en faisait le type, un symbole
accessoire : le premier, le lion d'Afrique ; le second, le
fabuleux monstre marin appelé *pistrix*.

La tendance nouvelle que nous venons de signaler,
et qui se prononçait de plus en plus, conduisait à la
pure allégorie. Locres, en se soumettant aux Romains,
en donna un des premiers exemples ; elle fit représenter
au revers de sa monnaie la personnification de Rome
et celle de la fidélité des vaincus, toutes les deux dési-

gnées par une inscription explicative. Peu de temps
auparavant, après la défaite des Gaulois dans la Pho-
cide, Antigonos Gonatas, roi de Macédoine, ornait ses
monnaies d'un trophée d'armes gauloises qu'élève le
dieu Pan, en souvenir de la terreur panique qui s'était
emparée des soldats du brenn. C'était plus grec et plus
fier.

Les peuples de l'Italie, comme nous l'avons dit plus
haut, avaient
connu la mon-
naie par les
colonies de la
Grande-Grèce.
La date de la
destruction de
Sybaris (511
avant Jésus-
·Christ), ville
dont on a des

FIG. 55.
MONNAIE D'ARGENT DE LOCRES.

monnaies incuses en grand nombre, suffit pour constater l'antériorité de la monnaie grecque dans cette partie
du monde ancien. Comme d'ailleurs nous ne possédons
pas d'as romains qui puissent remonter beaucoup au-
delà de la prise de Rome par les Gaulois (390 avant
Jésus-Christ) et que tous les as italiques, sauf peut-être
ceux de l'Étrurie, sont certainement postérieurs à ceux
de Rome, l'intervalle de plus d'un siècle qui existe
entre la destruction de Sybaris et l'expédition qui amena
le brenn gaulois au pied du Capitole ne rend admissible aucune des suppositions qui ont fait de l'æs

grave une invention indépendante de l'influence grecque. Les raisons d'art viennent à l'appui de cette opinion ; les as de Rome et du Latium ont été exécutés
par des artistes élevés à l'école des Grecs ; il en est
de même de ceux de l'Étrurie, dont le poids est, de
plus, réglé sur le pied de la livre syracusaine. Cependant, si la monnaie de cuivre existait déjà en Grèce à
l'époque de l'invention de l'*æs grave*, elle n'y avait
reçu encore qu'un très faible développement. En tout
cas, des pièces coulées et non frappées, et d'une dimension aussi forte que les as du poids d'une livre, constituaient, en quelque métal que ce fût, une nouveauté
considérable. Toutefois, il n'y a pas encore là de dévia-
tion aux règles d'art. Ce qui fait, sous ce rapport, la
différence des as et de leurs divisions d'avec la monnaie grecque, c'est l'indication matérielle des valeurs
au moyen de chiffres, de lettres ou de globules. Ces
signes, dont les Étrusques furent peut-être les premiers à donner l'exemple, se propagèrent avec l'influence romaine dans la Grande-Grèce, et les Mamertins les portèrent en Sicile.

Un autre changement notable consiste dans l'introduction des sujets positifs. Le système de l'*æs grave*
en offre un exemple chez les Gaulois sénonais d'Ari-
minum, qui représentent, au lieu d'un dieu ou d'un
héros, le buste d'un guerrier de leur nation, orné du
torques. Autant en font les Samnites, les Mamertins de
Messana en Sicile et les peuples ligués contre les Romains, qui, eux-mêmes, s'associent d'assez bonne heure
à cette tendance. Une monnaie d'or, frappée au nom
de Rome dans la Campanie au moment où la Ville éter-

nelle s'empara de la souveraineté de ce pays, retrace la
scène de la conclusion de l'alliance entre les Romains
et les gens de Capoue. Une pièce de bronze de la ville
d'Atella, fabriquée au temps de l'invasion d'Annibal,
représente un habitant de la ville et un Carthaginois
jurant l'alliance sur le
corps de la victime im-
molée pour donner la
consécration religieuse
au serment; une autre
montre l'éléphant qui
servait de monture au
vainqueur de Cannes.

FIG. 56. — MONNAIE D'OR
ROMANO-CAMPANIENNE.

Sur les monnaies de la guerre Sociale, on voit alterner
le type allégorique du taureau italiote, terrassant la
louve romaine, et le type positif de la réunion des
délégués des
cités de l'Italie
jurant la ligue
contre la ty-
rannie de Ro-
me. Une autre
pièce de la
même série of-
fre à nos re-

FIG. 57.
DENIER ITALIOTE DE LA GUERRE SOCIALE.

gards la scène du débarquement de Marius en Italie.

Mais le plus curieux peut-être des types historiques
du monnayage italiote est celui d'une pièce de bronze
d'Aquilonia dans le pays des Hirpins. On y voit au revers un guerrier casqué, armé de pied en cap et tenant
à la main une patère, avec laquelle il paraît faire une

libation. Or, au temps même qu'indique le style de
cette monnaie, la ville dont elle porte le nom fut le
théâtre d'un grand fait historique dont Tite-Live nous
a conservé le souvenir. En 295 avant Jésus-Christ,

la ligue Samnite,
affaiblie et décon-
certée par une série
de défaites succes-
sives, voulut, au
moyen d'un effort
vigoureux, rétablir
en sa faveur la ba-
lance de la guerre.

FIG. 58. — DENIER ITALIOTE
DE LA GUERRE SOCIALE.

Les troupes qu'elle leva eurent ordre de se réunir dans
Aquilonia. Les chefs crurent pouvoir, par des cérémonies superstitieu-
ses, enchaîner
plus étroitement
le soldat à son
drapeau. On dis-
posa des tentes de
toile, *lintea*, sous
lesquelles chaque
guerrier était sé-

FIG. 59.
MONNAIE DE CUIVRE D'AQUILONIA.

parément conduit; le sol était jonché de victimes; si le
soldat refusait de prêter le serment qu'on lui demandait
de mourir à son poste, il tombait aussitôt percé mor-
tellement sur les corps des hommes et des animaux
amoncelés autour de lui. Ceux qui traversèrent cette
épreuve sanglante formèrent ce qu'on appela la *legio
linteata* et opposèrent en effet une résistance désespérée

à l'attaque des Romains. Et maintenant, après avoir rappelé ce récit, est-il possible de méconnaître dans le type de la pièce d'Aquilonia l'image d'un des soldats de la *legio linteata*, conduits l'un après l'autre sous la tente sacrée et se dévouant à la défense de la patrie par un sacrifice solennel? La coïncidence du témoignage de Tite-Live et de la représentation monétaire est trop frappante pour pouvoir être fortuite.

La série d'argent de la République romaine, à laquelle on donne vulgairement le nom si impropre de série des *monnaies consulaires*, offre la transition du système des autonomies grecques à celui des Romains de l'empire.

FIG. 60.

DENIER ROMAIN AUX DIOSCURES.

D'abord les types uniformes, les deniers au bige ou *bigati*, les pièces de trois sesterces à la Victoire ou *victoriati*, les monnaies, multipliées jusqu'à la monotonie, qui montrent d'un côté la tête casquée de Roma et de l'autre les Dioscures à cheval, sauf l'indication des valeurs, demeurent fidèles aux principes de la numismatique grecque. Mais peu à peu, dans la décadence des institutions, les triumvirs monétaires prennent plus de liberté, et après l'introduction de types destinés à rappeler des événements glorieux pour l'État, arrivent des allusions à l'histoire particulière de la famille des triumvirs monétaires. C'est vers l'an 620 de Rome (134 avant Jésus-Christ) qu'apparaissent les premiers types personnels aux monétaires, se rapportant à leur nom ou aux souvenirs de leur famille. Les plus anciens exemples en sont fournis par le denier de C. Minucius Augurinus, représentant le monument élevé devant la Porta Trigemina à L. Minucius, consul et décemvir, et en même temps, auprès de ce monument, M. Minucius Fæsus, le premier augure nommé parmi les plébéiens ; par celui de Sext. Pompeius Faustulus, au type du berger Faustulus découvrant la louve qui allaite Romulus et Rémus sous le figuier Ruminal ; enfin par celui de Tibérius Veturius retraçant la prestation de

FIG. 61. — DENIER DE SEXT. POMPEIUS FAUSTULUS.

serment des alliés lors du traité conclu par le consul T. Veturius Calvinus avec les Campaniens et les Samnites. De 620 à 650 de Rome (134 à 104 avant Jésus-Christ), les anciens revers, aux types de l'État, balancent en nombre les nouveaux, ceux dont les types varient et sont propres aux monétaires. Enfin, à dater de 650, ce sont ces derniers qui l'emportent absolument ; ils sont entièrement livrés au caprice des magistrats qui signent les deniers comme chargés de diriger leur fabrication. Et ceux-ci y placent souvent de simples emblèmes parlants, qui font allusion à leur *cognomen* par de véritables rébus. Par exemple, Pomponius Musa figure les Muses sur ses deniers ; Valerius Asclsculus

y met un marteau, *asciculus*; Lucretius Trio, les sept
étoiles de la grande Ourse, *triones*; Voconius Vitulus,
un veau, *vitulus*; Vibius Pansa, un masque de *Pan*;
Pinarius Scarpus, une main ouverte montrant sa paume,
καρπός. Les types relatifs aux événements contemporains
sont plus rares et ne commencent qu'après 650 de Rome
(104 avant Jésus-Christ). Le premier que l'on puisse
citer est celui du denier où l'on voit les deux questeurs
urbains Piso et Cæpio achetant du blé en vertu de
la *Lex frumentaria* de L. Saturninus, événement qui
eut lieu en 651 ou 654 (103 ou 100 avant Jésus-Christ).
L'on parvient ainsi à l'époque des dernières guerres
civiles, où ceux qui se disputaient la domination de la
république firent de la monnaie le signe politique de
leur puissance.

J'ai expliqué plus haut comment les portraits hu-
mains s'étaient introduits sur la monnaie grecque. L'é-
tude attentive de toutes les séries royales prouve que
jamais l'idée de l'apothéose ne fut étrangère à cet usage.
Dans la monarchie des Perses, ou il prit naissance, le
roi était considéré comme un dieu, comme l'émanation
d'Ahouramazda et son représentant sur la terre. C'est à
ce titre que sa figure devint le type principal et constant de la monnaie destinée à circuler dans l'empire
des Achéménides. On y représentait le prince régnant
en pied, vêtu du costume de guerre et tenant l'arc, ou
bien monté sur son char et parcourant les villes de son
empire dans toute la pompe royale, tel qu'Hérodote
décrit le cortége de Xerxès. Ce ne fut que sous le règne
d'Artaxerxe Mnémon, longtemps après l'époque ou les

9

Grecs avaient commencé à placer des têtes de divinités
sur leurs espèces monétaires, qu'à Lampsaque, à Colophon et dans quelques autres villes où prédominait
l'influence du goût hellénique, on commença à substituer le profil du roi à son image complète.

Dans les pays proprement grecs, jusqu'à Alexandre
le Grand, les rois s'étaient contentés d'inscrire leurs
noms sur la monnaie, presque toujours sans l'addition
du titre de βασιλεύς, pour
lequel les Grecs éprou-
vaient tant de répugnance,
et dont, en outre, le roi
de Perse revendiquait
d'une manière jalouse la
propriété exclusive. Le
vainqueur de Darius fut
le premier Grec qui plaça

FIG. 62. — DARIQUE D'OR
DES ROIS DE PERSE.

son portrait sur les espèces monétaires ; encore il ne le
mit pas sur ses statères d'or, qui offrent la tête d'Athéna,
et sur l'argent il ne l'introduisit que d'une manière
détournée, en faisant donner ses propres traits à la tête
d'Hercule (voy. plus haut, fig. 45), le demi-dieu de qui
la race des souverains de la Macédoine prétendait des-
cendre. Même après Alexandre, la monnaie de bronze
ne reçut que très rarement l'effigie royale ; et dans
l'argent comme dans l'or, on revint assez souvent aux
types exclusivement religieux ou mythologiques. La
figure des rois est d'ailleurs fréquemment accompagnée
de symboles divins, tels que couronnes radiées ou de
feuillage, égides, etc. Mais à mesure qu'on s'avance
dans la suite des temps, sous l'influence de l'école

de Lysippe et de ses successeurs, les effigies royales deviennent de plus en plus individuelles et de plus en plus humaines. La tête d'Alexandre était encore très idéalisée : c'était presque celle d'un dieu. Celles des rois grecs du ${m}^e$ et du ${m}^e$ siècle, sur les espèces à leur nom, ne sont plus que de simples portraits.

L'effigie est, d'ailleurs, en bien des cas, purement

FIG. 63.

TÉTRADRACHME DE PERSÉE, ROI DE MACÉDOINE.

commémorative, au lieu d'être celle du prince vivant, sur les monnaies royales grecques. Lysimaque, roi de Thrace, a fait représenter sur ses espèces le conquérant macédonien, avec les cornes de bélier qui le désignaient comme fils d'Ammon. C'est aussi la tête d'Alexandre héroïsé, coiffé de la dépouille d'éléphant de l'Afrique, que l'on voit sur les monnaies que Ptolémée, fils de Lagos, avant de prendre le titre de roi, fit frapper en Égypte au nom du jeune Alexandre, fils du vainqueur de l'Asie. Sur quelques tétradrachmes d'argent, les rois grecs de la Bactriane, Agathocle et Antimachos, ont placé, au lieu de leur propre effigie, la tête de Diodote, l'auteur de l'indépendance de la monarchie bactrienne, avec le titre divin de Sauveur, Σωτήρ, et celle d'Euthydème, un de leurs plus glorieux prédécesseurs, avec le titre de dieu. Les rois de Pergame n'admirent comme type monétaire que l'effigie de Philétère, l'auteur de leur royauté; leurs propres noms furent enveloppés dans des monogrammes, et c'est tout au plus si les derniers de ces princes firent subir aux traits de Philétère une modification qui rappelait leur propre physionomie. La puissance de cette dynastie des rois de Pergame fut surtout fondée sur le respect extérieur qu'elle conserva pour l'autonomie et pour les susceptibilités de vanité des cités grecques. A ce prix les Eumènes et les Attales avaient partout des garnisons, accumulaient les bénéfices de la monnaie, et se maintenaient à un haut degré d'influence entre les dynasties rivales.

Le dernier exemple que nous venons de citer montre que les monnaies à effigie royale n'avaient pas été, dès l'abord, franchement et universellement acceptées par les Grecs, et qu'à cet égard les rois habiles usaient envers eux de certains ménagements. Il existe pourtant quelques exemples de portraits de rois vivants gravés sur des monnaies émises au nom des villes libres, en vertu de circonstances historiques particulières. La représentation de l'effigie royale sur les monnaies urbaines paraît avoir été l'une des conditions de l'autonomie monétaire restreinte accordée à beaucoup de cités de la Syrie par Antiochus IV. La présence de cette effigie, quoique la monnaie ne fût pas fabriquée au nom du roi, était un hommage et une reconnaissance de la souveraineté supérieure. C'est pour cette raison que Mithridate fit mettre sa tête sur les monnaies de la ville de Smyrne, quand il était maître de l'Ionie. J'ai parlé tout à l'heure du tétradrachme au nom des Lacédémoniens qui porte au droit l'effigie du roi Antigone de Macédoine (voy. plus haut, fig. 53), hommage servile des vaincus au vainqueur de Sellasie. Quand Antiochos III de Syrie fit son expédition de Grèce, en 192 avant Jésus-Christ, son portrait fut placé sur les monnaies de Carystos d'Eubée, ville voisine de Chalcis, où il hiverna, et sur celle de la Ligue Étolienne, qui l'avait élu pour son stratège. Les villes autonomes comprises dans les États que Marc-Antoine avait donnés à Cléopâtre, Ascalon, Béryte, Tripolis, représentèrent alors sur leurs monnaies la tête de la reine d'Égypte, et Ascalon mit également sur ses tétradrachmes autonomes celle de Ptolémée Césarion. Même d'autres villes, qui n'étaient pas dans les États royaux de Cléopâtre, mais qui faisaient partie des provinces laissées à Antoine par la paix de Brindes, rendirent à cette reine l'hommage d'effigie monétaire, pour flatter son amant.

Tant que Rome demeura républicaine, elle interdit rigoureusement la représentation du portrait d'un homme vivant sur les espèces régulières que frappait l'atelier urbain sous la surveillance et le contrôle du sénat. Sylla lui-même, au temps de sa toute-puissance dictatoriale, n'osa pas enfreindre cette loi. Mais, au nombre des privilèges énormes assurés à l'*imperium militare* dans les provinces, était le droit d'effigie des

généraux commandant en chef, sur les monnaies extraordinaires qu'ils faisaient pour les besoins du service
de leurs armées en campagne. T. Quinctius Flami-
ninus en donna le premier exemple pendant sa guerre
de Macédoine. Cé-
sar, dans la guerre
civile, installa ré-
gulièrement à
Rome sa fabrica-
tion militaire, tan-
dis que les magis-
trats monétaires
légaux, réfugiés en
Orient avec Pom-

FIG. 64.

DENIER À L'EFFIGIE DE JULES CÉSAR.

pée, y transportaient le siège des émissions qui auraient
dû être urbaines. Quand le Sénat décida ensuite que la
monnaie régulière
sortie de l'atelier
de Rome serait dé-
corée du portrait de
César, devenu dic-
tateur perpétuel, il
lui attribua dans la
ville un droit nou-
veau, mais que ses
pouvoirs eussent

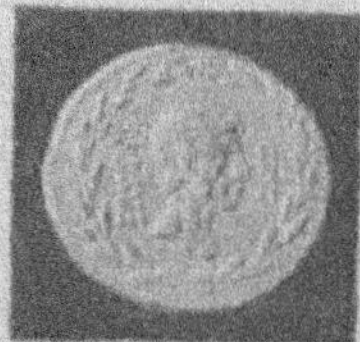

FIG. 65.

SAUTEUR À L'EFFIGIE DE BRUTUS.

comporté normalement en dehors de Rome et de l'Italie. Aussi, dans la nouvelle guerre civile qui suivit l'as-
sassinat du dictateur, les chefs du parti républicain, les
tyrannicides eux-mêmes, comme Brutus, n'eurent pas
plus de scrupules que les triumvirs à user du droit

d'effigie sur leurs monnaies militaires. C'est ainsi que la voie fut frayée à Auguste, qui, en cette matière comme en toute autre, s'étudia à constituer l'édifice de son pouvoir absolu sans sortir du cadre des anciennes formes républicaines, en concentrant seulement entre ses mains toutes les magistratures qui donnaient une autorité effective. A dater d'Auguste, tous les empereurs firent de la présence de leur effigie sur la monnaie un droit constant et général, le signe extérieur de la possession de la souveraineté. De là résulta la subordination absolue des types du revers à la pensée politique du prince régnant. Dès lors, la religion n'y occupa plus qu'une place secondaire; les divinités elles-mêmes représentées sur la monnaie furent, dans la majorité des cas, choisies de manière à faire contribuer leur représentation à l'éloge de l'empereur; et les créations idéales, dans les types monétaires de cette époque, tournèrent bien souvent à n'être plus que de simples allégories. Les représentations historiques, les unes d'un caractère absolument et directement positif, les autres avec introduction de personnages allégoriques, allèrent toujours en se multipliant et occupèrent désormais une très grande place dans les variétés du monnayage. Les monuments de l'architecture furent encore plus fréquemment reproduits sur les impériales de coin romain que sur les impériales grecques. Toutes les fois qu'un empereur érigeait un édifice dans la Ville éternelle, on en gravait l'image sur quelques-unes de ses monnaies.

Il résulte de cette nature des types généralement choisis pour les faire figurer sur les espèces monétaires

des empereurs, que lorsque le paganisme fut abandonné,
au lieu d'un changement brusque dans le caractère des

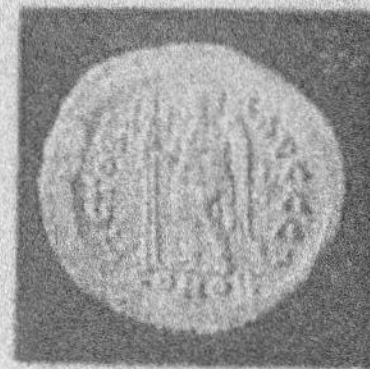

sujets gravés au
revers de la mon-
naie, il n'y eut
qu'une transition
graduelle, favori-
sée par le main-
tien de certains
personnages pu-
rement allégori-
ques, principale-

FIG. 66. — SOLIDUS D'OR BYZANTIN
AU TYPE DE LA VICTOIRE.

ment ceux de Rome et de la Victoire, cette dernière
christianisée
en lui mettant
la croix à la
main. A l'ex-
ception du si-
gne même de
la Rédemp-
tion, les types
exclusivement
chrétiens, tels
que ceux du

FIG. 67.
MONNAIE DE CUIVRE DU BAS-EMPIRE
AU MONOGRAMME DU CHRIST.

Christ, de la Vierge et des saints, ne parurent sur la
monnaie que postérieurement au triomphe de l'ortho-
doxie sur les iconoclastes.

CHAPITRE IX

Jusqu'ici je n'ai parlé que des types de création originale qui constituaient la propriété légitime des villes ou des princes qui les adoptaient sur leurs espèces. Mais il faut aussi dire un mot des faits d'imitation qui tiennent une si grande place dans la numismatique de l'antiquité grecque, comme dans celle du moyen âge occidental. A l'une et à l'autre époque, ces faits ont eu le même point de départ, ont été produits par la même cause, les inconvénients de la variété des monnayages locaux multipliés à l'excès et taillés sur des normes différentes.

Chez les Grecs, le grand commerce international et maritime, à partir du moment où il avait pris son essor, dans les viie et vi^e siècles, avait cherché à se soustraire aux obstacles qui en résultaient pour lui. Afin de se mettre au-dessus de ces difficultés et des fluctuations du change des espèces monnayées d'une place sur l'autre, il lui arrivait souvent de préférer les lingots aux monnaies pour stipuler ses payements à l'avance et

régler ses opérations. Surtout, au milieu de la diversité
si grande des monnaies, il en choisissait librement et
spontanément une à laquelle son excellente qualité
avait fait trouver bon accueil sur les marchés ; c'était, en
général, celle de quelque grande cité commerciale dont
les opérations s'étendaient au loin et se poursuivaient
sur une grande échelle, celle d'une cité à qui la possession de mines permettait en même temps de produire
ses espèces en abondance. La monnaie ainsi adoptée
par le grand commerce devenait pour quelque temps
l'instrument privilégié des échanges internationaux ;
quels que fussent leur pays et leur résidence, les négo-
ciants s'engageaient et payaient en sommes de cette
monnaie ; on pouvait la porter partout, car elle trouvait
toujours en banque un cours de faveur. Les commerçants, pour leurs grandes affaires, l'achetaient en grosses
masses aux trapézites ; les particuliers, par unités aux
changeurs. C'était une des marchandises les plus de-
mandées et les plus fructueuses pour la cité qui la produisait. Elle faisait prime, et la prime variait suivant
que le commerce, pour solder ses achats, avait à expé-
dier, dans telle ou telle direction, plus ou moins de cet
argent privilégié, à côté duquel les monnaies particulières des autres cités, frappées en petit nombre, voyaient
leur usage restreint à la circulation intérieure et aux
transactions du petit négoce journalier. Le rôle de monnaie internationale adoptée librement par le commerce
et la banque fut celui que jouèrent dans tout le monde
grec, au vᵉ et jusqu'au milieu du ivᵉ siècle, comme
espèces d'argent, les tétradrachmes d'Athènes (voy. plus
haut, fig. 32) et après eux les statères de Rhodes ; comme

espèces d'or, les statères de Cyzique (voy. plus haut, fig. 46). Il appartint ensuite pendant près de deux siècles et sur une bien plus grande étendue de territoire, aux statères d'or de Philippe de Macédoine et aux monnaies d'Alexandre, particulièrement à ses tétradrachmes d'argent (voy. plus haut, p. 111). Au IIIe siècle, à côté de ces grosses pièces d'Alexandre, les drachmes de Dyrrhachion et de Corcyre recherchées avidement comme marchandises, *mercis loco*, dit Pline, sont, en tant que petite monnaie d'argent, le signe d'échange international dans le bassin de l'Adriatique et dans l'Italie centrale, comme dans l'orient de la Méditerranée et en Asie Mineure la drachme légère de Rhodes, et dans l'occident, en Espagne et dans le midi de la Gaule, celle de Massalie. A la fin du IIIe siècle, le victoriat romain prend, dans le commerce de l'occident de la Méditerranée, la place des drachmes d'Illyrie et de Massalie, tandis que dans l'orient la drachme de Rhodes conserve sa vogue jusqu'au seuil de la période impériale.

Quelquefois, c'est dans une seule région nettement délimitée qu'une certaine espèce de monnaie jouit de cette situation de faveur et devient le numéraire du commerce, de préférence aux diverses monnaies locales. C'est ainsi que pendant deux siècles, de 280 à 80 avant Jésus-Christ, les tétradrachmes d'argent de Thasos au type d'Hercule furent presque les seules pièces ayant cours, avec les monnaies d'Alexandre le Grand et de Lysimaque, d'un bout à l'autre de la Thrace et dans tout le bassin du Danube, où les tribus barbares les imitèrent à satiété. Au IVe siècle, les statères d'argent corinthiens, avec leur Pégase et leur belle tête d'Aphrodite armée (voy. plus haut, fig. 38), jouirent de la même faveur en Épire, en Illyrie, sur toute la côte de l'Adriatique et jusqu'en Sicile; on en a la preuve par les nombreuses copies qui en furent faites dans ces contrées.

FIG. 68.
STATÈRE DE PHILIPPE ARRHIDÉE
AUX TYPES D'ALEXANDRE.

Les monnaies qui avaient obtenu ce succès exceptionnel sur les marchés, qui avaient été adoptées de cette façon par le commerce international, ont été naturellement aussi celles sur lesquelles s'est exercée la spéculation des imitateurs. Il faut, du reste, distinguer en numismatique différents degrés d'imitation, différentes classes de copies des espèces d'une ville par une autre.

FIG. 69.
IMITATION BARBARE DES TYPES DE L'OR
D'ALEXANDRE.

Il y a d'abord l'imitation purement artistique, qui n'implique pas formellement une idée de contrefaçon. Des graveurs, dépourvus de la faculté créatrice, ont recours à cette méthode pour s'épargner des frais d'invention dont ils n'auraient pas été capables et pour guider leur inexpérience.

Au lieu de créer un type nouveau d'un caractère propre, ils s'attachent à copier celui d'une monnaie que l'on a l'habitude de voir dans la circulation, un type dont le mérite d'art a obtenu l'assentiment et les éloges du public. Ont-ils, par exemple, à placer sur la monnaie qu'ils gravent la tête d'une divinité? au lieu de la composer par un effort personnel, ils vont chercher sur les espèces d'un autre pays une tête de cette divinité et la reproduisent servilement, sans s'inquiéter de ce qu'elle a pu, dans certains cas, retracer une forme purement locale, spéciale à la religion de la ville ou ils prennent leur modèle. Mais, tout en acceptant ce rôle inférieur et subordonné de copistes, ils ne sont pas contrefacteurs, car ils n'empruntent généralement qu'un seul type, celui du droit ou celui du revers, et souvent ils le transportent sur un autre métal que celui de la pièce qui leur sert de modèle. C'est ainsi que la tête d'Hercule des tétradrachmes d'Alexandre le Grand (voy. plus haut, fig. 45) est copiée sur les monnaies des villes d'Héraclée de Bithynie, de Chersonésos de Tauride, d'Erythres d'Ionie, de l'île de Cos, de la confédération des Étoliens, et même sur quelques-unes de celles que les Carthaginois fabriquent en Sicile; la tête de Pallas des statères d'or du même prince est imitée à Mélos sur des espèces d'argent. Le peuple des Ænianes en Thessalie et la ville d'Héraclée d'Ionie, sur leur argent; les cités d'Amastris, de Sinope, de Cabira et de Comana, sur leurs grandes pièces de cuivre, reproduisent la tête de l'Athéna Parthénos de Phidias, empruntée aux tétradrachmes athéniens de la dernière série (voy. plus haut, fig. 52).

Cette imitation des types caractéristiques d'autres villes se présente avec une variété singulière et avec un caractère particulier dans la suite des statères de Cyzique. J'ai parlé dans un chapitre précédent de la façon dont cette cité changeait à chaque émission la représentation gravée sur les coins des monnaies d'électrum qu'elle fabriquait en si grande abondance, réduisant sa propre marque, la figure d'un thon, à l'état de

FIG. 70. — IMITATION DE LA TÊTE DES TÉTRADRACHMES D'ATHÈNES A HÉRACLÉE D'IONIE.

symbole accessoire adjoint au type principal. Une notable part des représentations que Cyzique place ainsi sur ses statères sont les types monétaires habituels des villes avec lesquelles elle était en rapports de commerce habituels, le sphinx de Chios, le griffon de Téos, le sanglier de Méthymna, le sanglier ailé de Clazomène, le limier de Colophon, le demi-pégase de Lampsaque, le lion de Milet, le taureau de Chalcédoine, la tête de taureau de Samos, le Pégase de Corinthe, la tête de Pan de Panticapée, le Cerbère de Cimmérion ou Cer-

bérion sur le Bosphore Cimmérien. On y trouve même
des types italiens et siciliens, le Poseidon de Posidonia
et le taureau à face humaine de Géla. Dans cette adoption de tant de types étrangers, il y a une intention évi-
dente de donner à la monnaie un caractère international. C'est à tel point que l'on peut conjecturer —
comme les statères de Cyzique étaient surtout fabriqués
pour l'exportation — que les autorités préposées au
monnayage de cette ville, quand elles étaient en présence de grandes demandes du commerce, faisaient frapper avec le type propre à la contrée ou à la ville d'où
venaient ces demandes.

Quelquefois, l'imitation purement artistique dont
je parle a été moins motivée par le succès commercial
de la pièce dont elle copie le type que par l'admiration
que ce type avait excitée comme œuvre d'art. La copie
porte alors, non sur une monnaie qui devait circuler
habituellement dans le pays où on l'imite, mais sur un
type exceptionnellement beau, assez remarquable pour
que son créateur eût cru devoir le signer, mais qui
peut appartenir à une région éloignée. C'est ainsi que
l'admirable tête d'Aréthuse, que le grand graveur Evainetos avait créée sur les décadrachmes ou pentékon-
talitra de Syracuse, a été copiée par les Locriens
Opontiens, par Phénée d'Arcadie, Messène et Praisos
de Crète ; que la tête de face de la même nymphe, composée par le graveur Kimôn pour d'autres monnaies de
Syracuse, a été imitée par un certain nombre de villes
de la Thessalie et, bien loin de là, en Cilicie, par le
satrape perse Datame.

Dans les copies de ce genre, on s'est souvent fort peu

préoccupé de la signification du type que l'on imitait et
de sa convenance à l'usage nouveau que l'on en faisait.
Les Carthaginois, qui n'avaient pas encore adopté chez
eux l'usage de la monnaie, éprouvèrent, dans le cours
du IVe siècle avant notre ère, le besoin absolu de faire
frapper des espèces d'argent en Sicile, pour la solde de
leurs armées de mercenaires. Pour en faire exécuter les
coins, ils durent s'adresser aux habiles graveurs grecs
du pays. Quelques-uns de ceux-ci choisirent avec goût,
comme types de création nouvelle, des emblèmes
empruntés aux traditions puniques, le palmier, le lion,
le cheval, qui décorèrent ainsi un peu plus tard les
monnaies frappées à Carthage même, ou bien la tête de
Didon. Mais d'autres se bornèrent à reproduire purement et simplement, et non sans beaucoup de talent,
les types qu'ils avaient l'habitude de graver pour Syracuse ou pour d'autres villes grecques. Or ces types,
tels que la tête d'Aréthuse et le quadrige de jeux helléniques, n'avaient plus pour les Carthaginois aucune
signification, tandis que pour les Hellènes ils en avaient
une. Les gens de Stymphale en Arcadie rappelaient le
grand souvenir de leur pays par le type du revers de
leurs monnaies, Hercule détruisant les oiseaux du lac
Stymphale; mais quand ceux de Chersonésos de Crète
se mirent à copier ce type, ils agirent par une imitation
inintelligente, car la figure du héros accomplissant ce
travail spécial n'était plus en rapport avec leurs propres
traditions.

Je range encore ce dernier exemple dans la catégorie
des imitations, aussi bien que celui de la copie d'une
monnaie d'argent d'Élis à Polyrrhénion de Crète, bien

que dans ces deux cas il y ait reproduction exacte de
tous les types de la pièce qui a servi de modèle, face et
revers, et cela dans le même métal. Mais en procédant
ainsi, je juge plutôt l'intention probable que le fait
matériel en lui-même; et cela parce qu'il me semble
que les monnaies des Stymphaliens et des Éléens n'ont
jamais dû avoir un cours assez étendu pour qu'il y eût
intérêt sérieux à en entreprendre, comme spéculation,

FIG. 71. — COPIE DES MONNAIES D'AGRIGENTE
PAR LES CARTHAGINOIS DE MOTYA.

une contrefaçon déloyale. Mais l'intention frauduleuse
n'est plus possible à révoquer en doute quand il s'agit
de la copie exacte des tétradrachmes athéniens de la
série la plus récente, faite à Gortyne, à Hiérapytna, à
Priansos et à Cydonie, toutes villes de Crète, car les Cré-
tois, qui ne jouissaient pas précisément dans le monde
grec d'une réputation de vérité ni d'honnêteté, nous
apparaissent en matière monétaire comme des contrefacteurs déterminés.

Lorsque nous voyons les types d'Alexandre le
Grand, dans l'or et dans l'argent, se continuer sans

modification avec le nom de son frère Philippe Arrhidée (voy. plus haut, fig. 68), ou être adoptés par ses généraux pendant qu'ils se disputent les débris de son
empire, nous pouvons encore supposer qu'il y a eu
une sorte d'hommage pieux à la mémoire du héros, et
surtout une pensée politique exprimant par un symbole
matériel la volonté de maintenir contre les barbares,
même au milieu de ses déchirements intestins, l'unité
hellénique de l'empire qu'Alexandre avait conquis sur
l'Asie. Mais quand nous rencontrons la même copie
servile des types du monarque macédonien signée du
nom d'Areus, roi de Sparte, ou de différents roitelets
de la Thrace et de l'Illyrie, semblable explication n'est
plus de mise. Nous sommes en face de vulgaires contrefaçons.

L'intérêt qui poussait à de telles pratiques est
évident. Un petit prince, une ville d'importance secondaire, en frappant monnaie loyalement, avec des types
à eux, n'aurait pu obtenir pour ses espèces qu'une circulation très restreinte, presque exclusivement intérieure ; sur les principaux marchés extérieurs elles
auraient été refusées, ou tout au moins auraient trouvé
grande difficulté à se faire accepter, et cela au prix d'un
change défavorable. On s'emparait donc en fraude du
type de la monnaie la plus populaire, la meilleure, et
on le copiait exactement, en profitant souvent de l'occasion pour émettre les pièces imitées à un titre inférieur. Le public, trompé par la parfaite ressemblance
des types, croyait avoir affaire à la monnaie dont il se
servait habituellement avec confiance ; il acceptait ce
numéraire d'imitation et le tour était joué. La monnaie

inconnue ou mauvaise circulait sous le couvert de la
bonne et lui faisait une concurrence ruineuse au grand
profit des contrefacteurs.

La multiplication des exemples d'une semblable
fraude atteste qu'elle réussissait le plus souvent, et il
faut en conclure que dans le monde grec des beaux
temps, parmi tous ceux qui maniaient l'argent, rares
étaient ceux qui savaient déchiffrer une légende monétaire. Car le plus souvent les types gravés sur les deux
faces de la monnaie étaient seuls imités, mais les inscriptions restaient différentes. Les États contrefacteurs
cherchaient, en s'en tenant à cette imitation incomplète,
à se soustraire aux contestations que ne pouvaient manquer d'élever les villes ou les princes dont ils copiaient
les espèces. Sans doute c'était une chose grave que de
s'approprier le type de la monnaie d'autrui, d'autant
plus que le plus souvent ce type monétaire — nous le
savons positivement pour la chouette d'Athènes — était
en même temps celui du sceau public de l'État ou du
prince qui en avait fait sa marque. Lorsqu'à côté de ces
types empruntés on plaçait du moins sa propre légende,
même en imitant la disposition de celle du prototype,
on pouvait dans une certaine mesure exciper de sa
bonne foi, prétendre que l'on en avait mis assez pour
ne pas tromper le public, puisqu'il suffisait de savoir
lire l'inscription pour voir qu'elle était autre. Que ceci
ait réussi au moyen âge, quand la masse de la population était absolument illettrée, quand l'instruction se
cachait au fond des monastères, on n'a pas lieu d'en
être surpris; mais le succès de cette forme particulière
de contrefaçon, d'une audacieuse naïveté, étonne da-

vantage dans la Grèce classique, et il faut nécessairement en conclure que la connaissance de l'écriture y demeura toujours bien moins généralement répandue qu'on ne serait disposé à le croire.

Cependant la fraude était loin d'être toujours aussi simple. Il eût été trop commode de se disculper dans tous les cas de l'accusation de contrefaçon, en invoquant à plaisir la justification éclatante d'une légende parfaitement correcte et dont la sincérité était faite pour désarmer le juge le plus prévenu. Et puis bientôt, après un premier moment de succès, les imitateurs se trouvaient en présence de nouvelles et grandes difficultés. Les manieurs d'argent, commerçants, banquiers et changeurs, ont été de tout temps défiants et difficiles à tromper; de tout temps ils se sont ingéniés à déjouer les fraudes dont on cherchait à les rendre victimes. Si donc beaucoup ne savaient pas déchiffrer les légendes tracées sur les monnaies, tous du moins, à force d'habitude, finissaient par avoir si bien dans les yeux, jusque dans les moindres détails, la forme et l'aspect général de celles qui leur passaient le plus souvent entre les mains, qu'ils en arrivaient à les posséder exactement, à connaître la forme et la place de chaque mot, de chaque lettre, la limite exacte où s'arrêtait un mot, où commençait le suivant, le point précis où se trouvait telle lettre reconnaissable à sa forme. C'est ainsi qu'ils évitaient le plus souvent d'être trompés. Pour peu que la légende d'une monnaie connue eût un aspect un peu différent de l'ordinaire, ils la rejetaient impitoyablement. Et les contrefaçons incomplètes, de la nature de celles dont nous avons cité des exemples, finissaient toujours par être éventées au bout de quelque temps d'expérience.

Aussi, dans bien des cas, recourut-on à une contrefaçon plus absolue et moins naïve, poussant la fraude jusqu'à copier les légendes aussi bien que les types. Ce genre de contrefaçon s'est surtout exercé dans les villes indépendantes sur les monnaies royales, sur celles de princes qui avaient produit de grandes émissions de numéraire dans un grand nombre d'ateliers différents répartis sur une vaste étendue de territoire. Ces ateliers étaient, comme je l'ai dit plus haut, désignés par des marques accessoires, placées dans le champ, quelquefois à un endroit peu apparent, tandis que les types et les légendes restaient invariables. Pour avoir un moyen de contrôle de leur propre fabrication, les villes qui imitaient les monnaies frappées dans ces conditions substituaient leur marque à celles des ateliers royaux, comme symboles secondaires et accessoires. Et elles pouvaient le faire sans inconvénient, car, pour discerner les imitations des prototypes avec certitude, il eût fallu avoir, ce qui était presque impossible au commerce extérieur, des tableaux complets des marques très variées qui avaient été réellement employées sous le règne du prince dont les monnaies portaient le nom, dans ses États et par son autorité. Ajoutons qu'en général ce genre de contrefaçon n'a été mis en œuvre qu'après la mort du souverain dont on imitait les espèces, quand il n'était plus là pour faire sentir le poids de sa colère aux contrefacteurs, et quand, cependant, ou pouvait encore profiter de la faveur que ses monnaies avaient rencontrée auprès du commerce.

Nous le saisissons sur le fait dans les séries, si prodigieusement développées, des espèces d'or et d'argent frappées aux noms et aux types de Philippe de Macédoine, d'Alexandre le Grand et de Lysimaque, roi de Thrace. La fabrication de ces espèces a été bien loin de demeurer limitée aux États de ces princes et au temps de leur vie. On en a frappé longtemps après leur mort, surtout des statères d'or de Philippe et des tétradrachmes d'argent d'Alexandre, et cela, pour l'un et pour l'autre, jusque dans les pays qui n'avaient jamais été soumis à leur sceptre. Ainsi les villes grecques de la côte occidentale de l'Asie Mineure ont fabriqué des philippes d'or en abondance sous les premiers successeurs d'Alexandre. C'est seulement plus d'un demi-siècle après la mort du conquérant de l'Asie que les mêmes villes se sont mises à battre des tétradrachmes à son nom et à ses types, dont elles ont continué la fabrication jusqu'à la bataille de Magnésie, sinon jusqu'à la réduction de l'Asie en province romaine. C'est à une date aussi tardive que l'on s'est mis à frapper des mêmes tétradrachmes dans certaines villes du littoral européen du Pont-Euxin, Mésembria, Odessos, Callatia, où ne s'était jamais étendue l'autorité d'Alexandre, et il est aujourd'hui certain que dans ces villes ils descendent jusqu'à l'époque du grand Mithridate de Pont. Un classement vraiment scientifique répartira ces pièces d'imitation, malgré la présence sur toutes des types et du nom de Philippe ou d'Alexandre, entre les villes qui les ont frappées, de même que dans la numismatique du moyen âge on ne classe pas à Venise et à Florence, mais à leurs lieux de fabrication, les copies des sequins et des florins.

Il faut noter, du reste, qu'au bout d'un certain temps cette imitation d'une monnaie célèbre et à laquelle le public était habitué, dont le premier auteur avait d'ailleurs disparu, finissait par perdre tout caractère frauduleux, par devenir une opération considérée comme légitime et qui ne cherchait plus à se dissimuler. Le type et la légende du prince mort, que l'on copiait, tombaient pour ainsi dire dans le domaine public. Les espèces à cette empreinte prenaient rang comme une sorte de monnaie que chacun avait le droit de fabriquer, à condition d'y introduire comme certificat d'origine sa propre marque en symbole accessoire. C'est désormais sur ces marques des villes d'émission que se portait l'attention soupçonneuse des manieurs d'argent, et non plus sur les types principaux. Et ils arrivaient vite à savoir quelles étaient celles qui distinguaient les pièces de bonne qualité des mauvaises, celles que l'on pouvait accepter et celles que l'on devait rejeter entre la multitude des espèces extérieurement semblables qui inondaient les marchés. Ainsi, une ville comme Rhodes, dont les monnaies proprement autonomes décorées de ses types spéciaux avaient obtenu la plus large circulation, avaient été adoptées par le commerce international, produisait en grandes quantités, parallèlement à cette fabrication, des pièces d'imitation, philippes d'or et alexandres d'argent, et cela de la façon la plus ouverte; car si elle y conservait les types et le nom de Philippe et d'Alexandre, elle ne se bornait pas à placer dans le champ son symbole, la rose, elle y inscrivait tout au long, en légende supplémentaire et à la place la plus apparente, le nom de ses magistrats financiers, de la même manière que sur ses espèces non imitées.

Dans ces conditions, la fraude en vint à un degré de plus. Elle ne contrefit pas seulement les types et la légende désormais tombés dans le domaine public, mais aussi les marques accessoires des villes qui se livraient à ces opérations de monnayage imité que l'on avait fini par admettre comme loyales. Mais en atteignant ce point, la contrefaçon changeait de nature et prenait un caractère de criminalité incontestable. Il ne s'agit plus ici de faits de simple imitation plus ou moins loyale, mais d'un faux monnayage qualifié, dont nous n'avons pas à nous occuper dans cette étude.

Il me reste à parler d'une dernière catégorie d'imitations, qui tient une grande place dans la numismatique ancienne, celle à laquelle on a donné le nom de *plagia barbarorum*. Pour les barbares, avec qui s'en allaient commercer des marchands de pays civilisés, sur les monnaies que ceux-ci leur apportaient en échange des marchandises naturelles de leur pays, les légendes étaient inintelligibles et les types n'avaient aucune signification propre. Ils ne valaient que par leur aspect extérieur, qui était pour ces peuples barbares la garantie matérielle de la monnaie, et de plus, pour eux, la monnaie était exclusivement une seule sorte monétaire, qu'ils avaient pris l'habitude de recevoir, à laquelle leurs yeux étaient faits, qu'ils savaient par expérience être d'une bonne qualité de métal et d'un poids exact.

Lorsque, ne se contentant plus des espèces que leur apportaient les marchands étrangers, les barbares, après avoir apprécié les avantages de l'emploi de la monnaie, voulurent se mettre à en fabriquer eux-mêmes, c'est naturellement toujours par la copie de la sorte habituellement usitée dans les rapports avec eux qu'ils commencèrent. Il est même probable que, le plus souvent, le chef qui dans chaque pays s'adonna le premier à cette fabrication monétaire fut quelque fin matois qui chercha à profiter de la naïveté de ses voisins en leur donnant ses contrefaçons pour des espèces originales. Quoi qu'il en soit, ces imitations barbares ont un caractère bien spécial et nettement déterminé. Dans les types, ce qu'elles s'attachent à reproduire, c'est l'apparence générale des masses au lieu de l'exactitude précise des détails, significatifs dans les coins originaux, mais que les copistes ne comprenaient pas; à plus forte raison, ce n'est pas l'élégance et la perfection du style d'art, à laquelle on n'aurait pas su atteindre, et qui d'ailleurs n'était pas appréciable pour des yeux grossiers, sans éducation du beau. Dans les légendes on s'attache à une simulation à la fois ingénieuse et ignorante. A la place exacte où les inscriptions se trouvaient sur les originaux imités, on place une simple série de lettres prises au hasard parmi celles qui pouvaient mieux rendre l'effet voulu, produire une apparence à peu près équivalente, sans se préoccuper de leur donner le moindre sens. On applique ce système de simulation à toutes les marques que porte la pièce, non seulement les types principaux et les légendes essentielles, mais les symboles accessoires, les monogrammes, les lettres isolées jetées dans le champ. Au début, les imitations sont généralement assez habiles et présentent quelquefois des effets de trompe-l'œil auxquels on a dû se laisser prendre. Mais

à mesure que la fabrication se prolonge, qu'elle se ré-
pand chez un plus grand nombre de peuplades, sur une
plus vaste étendue de territoire, l'imitation s'éloigne rapidement de son prototype. A force de copier des copies
de copies, et cela sans intelligence, on en arrive à produire dans les types les déformations les plus singulières. Quand on prend la peine de suivre la marche
successive de ces dégénérescences, on y voit se faire des
confusions de formes qui donnent naissance à des représentations d'une extraordinaire bizarrerie. Et ces
représentations n'ont été que trop souvent l'écueil des
antiquaires inexpérimentés, des esprits aventureux et
enclins aux chimères, lesquels se sont mis l'imagination
à la torture pour y découvrir des mystères de symbo-
lisme. Ç'a été là, en particulier, une carrière ouverte
aux rêveries fantastiques des celtomanes. Pour celui qui
veut rester sur le terrain de la véritable science, il importe de se pénétrer de cette loi capitale de la dégénérescence des types, afin de ne pas se consumer en efforts
inutiles pour trouver le sens de choses qui n'en ont
pas.

L'imitation barbare, telle que je viens d'essayer de
la définir, a été le point de départ du monnayage de
nos ancêtres les Gaulois, qui n'ont commencé que bien
peu avant la conquête romaine à se créer, plus ou
moins habilement, des types monétaires originaux,
ayant une signification propre.

La fabrication monétaire indigène ne commence en
Gaule qu'avec le IIIe siècle avant l'ère chrétienne, et a
deux foyers d'origine, où l'imitation dérive de deux
sources différentes. En Aquitaine, elle débute par un

monnayage d'argent copié sur les espèces des villes grecques établies au pied des Pyrénées, dans la Catalogne actuelle, d'Emporia et surtout de Rhoda. Dans la Celtique, au contraire, la monnaie la plus ancienne est en or, copiée des statères de Philippe de Macédoine. Ce n'est que plus tard, tout à fait à la fin du IIᵉ siècle et après l'établissement de la province romaine de la Narbonnaise, que l'on se met dans la

FIG. 72. — STATÈRE D'OR
DE PHILIPPE DE MACÉDOINE.

Celtique à faire des monnaies d'argent, monnaies dont le point de départ est aussi une imitation, celle des deniers et des quinaires romains.

On pourrait croire au premier abord que c'est par la voie du bassin du Danube, jalonnée sur tout

FIG. 73. — IMITATION GAULOISE
DES STATÈRES DE PHILIPPE.

son parcours de populations gauloises, que les modèles macédoniens du monnayage d'or de la Celtique ont dû pénétrer en Gaule. Il n'en est rien cependant. Le statère d'or de Philippe ne paraît pas avoir eu un cours habituel dans la région danubienne ; on ne l'y voit jamais imité. La pièce d'or grecque que copient de préférence les peuples barbares de cette région est le statère d'Alexandre; ses imitations remontent jusqu'à la Rhétie, dans le pays des Grisons, mais ne franchissent pas les Alpes, ne s'étendent pas dans la Gaule.

C'est au centre de notre pays, dans les pays avoisinant le Rhône, que les imitations gauloises des statères de Philippe ont eu leur berceau. Parmi celles de ces pièces où les nations gauloises ont commencé à substituer dans le champ leurs propres symboles à la copie servile des marques d'ateliers des modèles macédoniens, les plus anciennes, celles qui se rapprochent le plus du prototype, sont les statères des Arvernes, marqués des lettres grecques AP, initiales du nom du peuple, groupées en monogramme, et ceux des Éduens, marqués d'une lyre. Après viennent les statères des Bituriges. Chez ce dernier peuple, on voit converger et se réunir les deux courants d'imitation qui régnaient dans l'Aquitaine et dans la Celtique; le droit des pièces d'or des Bituriges offre la tête de Vénus des monnaies d'argent d'Emporia; le revers, le bige des statères de Philippe. A mesure que l'on s'éloigne de la région qui vient d'être indiquée, les types s'altèrent en même temps que le poids des monnaies s'affaiblit. Le monnayage de l'Armorique et celui de la Belgique nous montrent les derniers termes de la dégénérescence, et il est nécessaire d'en connaître les principales étapes intermédiaires pour pouvoir comprendre l'origine des types étrangement barbares et inintelligibles de ces pièces.

Au reste, les sources du monnayage d'or gaulois

imité des philippes sont encore fort obscures; il est,
dans l'état actuel de la science, difficile de donner une
solution pleinement satisfaisante de tous les problèmes
qui s'y rattachent. Le plus embarrassant n'est pas,
certes, ce fait que jusqu'à présent on n'a encore signalé
sur le sol de la Gaule que la trouvaille d'*un seul* statère
original de Philippe de Macédoine, exhumé à Pons en
Saintonge. La fonte de toutes ces pièces types apportées
par le commerce extérieur, une fois que les Gaulois
eurent commencé à fabriquer une monnaie nationale
qui les imitait, est un fait tout naturel. On y avait trop
d'intérêt pour y avoir manqué. Le philippe original
pesait 8 gr. 63 d'or; le statère gaulois qui le copiait,
et que les chefs indigènes donnaient pour son équivalent, pesait 8 gr. 20 à 8 grammes. La refonte offrait
ainsi un large bénéfice à la spéculation, et en peu
de temps toutes les pièces grecques qui avaient été
introduites en Gaule durent prendre le chemin du
creuset.

Ce dont on se rend moins facilement compte, c'est
de la manière dont les Gaulois ont connu les statères
macédoniens, à l'exclusion d'une autre monnaie d'or
hellénique; et cela en quantité suffisante pour que ces
statères devinssent les prototypes de leur monnayage
indigène. Une théorie plus ingénieuse que solidement
fondée, qui a eu cependant un succès considérable auprès des savants français, et à laquelle se sont ralliées
de hautes autorités, voudrait rattacher l'introduction
des philippes dans la Gaule au pillage du temple de
Delphes par les Gaulois, en 279 avant Jésus-Christ.

Mais d'abord, ce pillage a-t-il eu réellement lieu?

Nous trouvons à ce sujet deux récits différents chez les écrivains anciens ; et la majorité des témoignages, surtout de ceux des Grecs, représentent les Gaulois comme ayant bien forcé les Thermopyles, mais ayant été repoussés de Delphes sans avoir pu y pénétrer. Lors même que le sac du sanctuaire d'Apollon serait un fait incontestable, Poseidonios avait raison de remarquer déjà, dans l'antiquité, que bien peu de chose du butin que l'on y aurait fait devait être parvenu en Gaule. Les Gaulois qui avaient fait l'expédition en Grèce, au lieu de rentrer chez eux, étaient restés en Thrace ou avaient passé en Asie Mineure. Il est, d'ailleurs, bien peu probable que la portion d'espèces monétaires que renfermait alors le temple de Delphes se composât précisément et exclusivement de philippes d'or. Les arguments par lesquels on a essayé d'établir qu'après la Guerre Sacrée le trésor avait dû être reconstitué sous cette forme sont tout à fait fragiles et ne paraissent guère de nature à emporter la conviction. Les dépôts métalliques du lac sacré de Toulouse, que les Gaulois prétendaient provenir de Delphes, et que déroba Cépion, consistaient, — nous le savons par des témoignages formels, — en lingots d'or et d'argent, non pas en espèces monnayées. Enfin les Tectosages, chez lesquels se trouvait ce dernier trésor, qui avaient tenu le premier rang dans l'aventure de Grèce ; qui, par conséquent, auraient dû être les premiers à se livrer à l'imitation des philippes, si l'hypothèse de leur origine delphique était vraie ; les Tectosages n'ont jamais frappé de monnaies d'or, mais seulement de l'argent. Ils sont dans la zone de l'imitation des espèces de Rhoda, qu'ils ont pratiquée sur une large échelle, et en dehors de celle de l'imitation des philippes.

Il faut donc écarter cette théorie, malgré ce qu'elle a de séduisant au premier aspect. A sa place, une autre a été récemment proposée par M. A. de Barthélemy. Elle considère les statères d'or de Philippe de Macédoine comme ayant été introduits dans la Celtique par Massalie, et par la voie commerciale de la navigation du Rhône.

La façon dont les premiers foyers des imitations gauloises de l'or macédonien avoisinent le grand fleuve milite en faveur de cette opinion. Il en est de même d'un témoignage de Strabon sur les anciennes lois massaliètes, d'après lesquelles la dot des jeunes filles devait être comptée et payée en pièces d'or. Ceci indique une circulation de quelque importance du numéraire de ce métal à Massalie ; et pourtant, nous n'y connaissons pas d'or de fabrication locale. Il fallait donc que celui qui y circulait consistât en espèces étrangères, apportées des contrées grecques par le commerce. Or le principal commerce maritime de Massalie continuait à être avec l'Asie Mineure, sa mère patrie. En même temps, il est positif que c'est dans l'Asie Mineure occidentale que les statères de Philippe ont été principalement imités par des villes autonomes ; c'est là que pendant la période historique des successeurs d'Alexandre ils ont été la monnaie d'or d'usage général dans le commerce. Ceci nous amène à conclure qu'à la fin du IVe siècle et au commencement du IIIe siècle les espèces d'or grecques qui, de l'Asie Mineure, arrivaient en grande abondance à Massalie et y formaient une part notable de la circulation, étaient des philippes. D'où il résulte que cette sorte monétaire était aussi celle que le négoce massaliète devait répandre en Gaule par la voie du Rhône.

Il est vrai qu'ici s'élève encore une objection. Nous ne constatons pas jusqu'ici de monnayage d'or ni d'imitation des statères de Philippe dans la Narbonnaise; et l'on n'a pas non plus signalé de trouvaille de philippes originaux dans le voisinage de Marseille. L'objection a un poids considérable, bien qu'il faille constater que la même remarque s'opposerait à ce que l'on admit la circulation habituelle de pièces d'or grecques quelconques à Massalie, fait pourtant établi par le texte de loi que rapporte Strabon. Aussi, malgré cette objection, — que quelque trouvaille inattendue lèvera peut-être, — la théorie massaliète est la plus vraisemblable, pour rendre compte de ce phénomène que les statères de Philippe de Macédoine, si loin de leur pays d'émission, sont devenus les prototypes du monnayage de la Gaule, tandis qu'ils n'étaient imités par aucun des peuples barbares plus voisins, ceux du Danube et du Pont-Euxin.

Je me suis appesanti avec détails sur cette question spéciale, à cause de l'intérêt qu'elle offre pour nos antiquités nationales. Elle fournit, d'ailleurs, un excellent exemple des lumières qui résultent pour l'histoire de l'étude de ces monnayages d'imitation barbare. Ce sont autant de chapitres du tableau du commerce des Grecs avec les barbares, que nous y avons écrits au moyen de documents inaltérables et dont le témoignage ne saurait être contesté. Un des plus curieux, sans con-

tredit, et des plus nouveaux, est celui que M. J.-P. Six,
d'Amsterdam, digne héritier du nom de l'ami de Rem-
brandt, M. Barclay-Head, l'éminent conservateur adjoint des médailles du Musée Britannique, et notre
compatriote M. Gustave Schulmberger ont reconstitué
à l'aide de trouvailles opérées sur différents points de
la péninsule arabique. Toute une série d'imitations de
la monnaie d'argent d'Athènes, formant différents
groupes qui ont eu pour foyers de fabrication la Palestine méridionale, le pays de Madian et le royaume des
Sabéens du Yémen, déterminent l'existence et le trajet
d'une route de caravanes activement fréquentée, qui
amenait par terre les épices de l'Inde et les aromates de
l'Arabie méridionnale, de Saba au port de Gaza, où
leurs principaux acquéreurs, ceux qui les transportaient
ensuite par mer dans les différentes parties du bassin
de la Méditerranée, étaient les Athéniens. Et cette
imitation, révélatrice des voies et des agents du commerce, ne se borne pas aux monnaies de l'âge de la
grande puissance politique et maritime d'Athènes. Elle
reprend avec une nouvelle activité depuis le milieu du
iie siècle jusqu'au temps d'Auguste. Nous avons
donc là des monuments infiniment précieux de ce que
fut la renaissance commerciale d'Athènes, après que
les Romains (en 167 av. J.-C.) lui eurent donné la souveraineté de l'île de Délos. Sous les auspices de Rome,
les Athéniens firent de Délos un port franc qui devint le
centre principal de leur commerce, et, surtout pendant
quatre-vingts ans, de la destruction de Corinthe à la
guerre de Mithridate, fut, comme nous le dit Festus,
« le plus grand marché du monde ». Strabon raconte

que l'on y voyait quelquefois débarquer le matin dix
mille esclaves, qui le soir étaient vendus. C'était aussi
la grande foire des marchandises orientales, des épices
et des aromates, et les inscriptions nous y montrent
constituées de nombreuses guildes de marchands sy-
riens, phéniciens et arabes. La fabrication des tétradrachmes athéniens de la seconde série appartient à
cette période de retour merveilleux de prospérité pour
la cité de Mi-
nerve, à laquelle
Mithridate et
Sylla portèrent
ensuite un si
rude coup. Et
c'est ainsi que
s'explique l'a-
bondance de
leurs émissions,
ainsi que leur

FIG. 74.
IMITATION SABÉENNE
DES TÉTRADRACHMES ATHÉNIENS
DE LA DEUXIÈME SÉRIE.

succès commercial, qui les fit imiter jusqu'au fond du
Yémen.

Je ne saurais, du reste, avoir la prétention de retracer ici l'histoire complète de l'imitation monétaire chez
les peuples barbares durant les siècles de l'antiquité. Il
suffira donc d'indiquer encore sommairement l'importance et le développement qu'elle prit dans l'agonie de
l'empire romain. L'imitation plus ou moins fidèle et plus
ou moins intelligente des espèces impériales se trouve aux
débuts du monnayage de toutes les nations nouvelles issues en Occident des invasions germaniques. Cette pratique avait même à l'origine une signification politique de

la part des monarques barbares; elle constituait une
marque extérieure de soumission à la suzeraineté de
l'empereur, dont les rois des Ostrogoths, des Burgondes, des Francs et des Wisigoths se montrèrent moins
disposés qu'auparavant à secouer le lien nominal, une
fois que la destruction de l'empire d'Occident eut éloi-
gné d'eux la présence de l'Auguste. Ils trouvaient avan-
tage à se proclamer ses lieutenants, depuis que de Constantinople il ne pouvait plus les atteindre efficacement,
et ils s'empressaient de lui rendre hommage en frappant la monnaie à son nom et à ses types, à condition
d'avoir eux-mêmes tous les bénéfices de cette fabrication.

Sous ce rapport, la vanité des Césars de Byzance
était à la fois singulièrement vétilleuse et en même
temps se contentait de peu. L'historien Zonaras nous
raconte qu'à la fin du VII° siècle l'empereur Justinien
Rhinotmète déclara la guerre au calife Abdelmelik,
parce qu'il avait frappé une monnaie d'or d'un nouveau
type arabe, au lieu d'employer des espèces à l'effigie
impériale. Est-ce à dire qu'après avoir enlevé la Syrie
aux empereurs, les califes n'avaient pas jusque-là battu
de monnaies et en particulier d'espèces d'or, le métal
dont la couronne impériale revendiquait avec le plus de
jalousie le privilége, prétendant l'interdire aux souverains étrangers? En aucune façon, car nous possédons
quelques rares échantillons des monnaies d'or frappées
en Syrie par les vicaires du prophète, antérieurement à
Abdelmelik. Elles ont au droit l'effigie ou les effigies
impériales, copiées sur les monnaies de Constantinople,
tandis que sur le revers, où la croix se transforme de
manière à n'avoir plus de signification, se déploie

en arabe la formule de la profession de foi musulmane. De la part du calife, l'adoption de l'effigie impériale était un passeport qui ouvrait à sa monnaie un plus large champ de circulation, en lui permettant

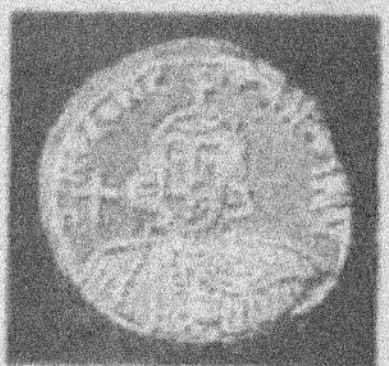

FIG. 74. — MONNAIE D'OR
DE L'EMPEREUR CONSTANT II.

de pénétrer sur les marchés de l'empire; pour la gloriole des monarques qui trônaient sur le Bosphore c'était un prétexte à se vanter que le chef des musulmans se reconnaissait par là son vassal. Aussi la suppression de cette effigie parut-elle un plus grand outrage à la majesté impériale que n'avait été la conquête de la Syrie et de l'Égypte, un outrage qui appelait inévitablement la guerre.

FIG. 75.
IMITATION ARABE DE LA MONNAIE D'OR
BYZANTINE.

En Occident, le premier prince qui se décida à répudier tout vestige de la suprématie impériale, en substituant sur la monnaie sa propre légende à celle de l'Auguste byzantin, fut Théodebert, roi d'Austrasie, à la suite de son aventureuse et brillante expédition d'Italie. En moins de trente ans, ce qui avait été de sa part un coup de tête de victorieux devint la règle générale. L'Occident échappait à la suzeraineté décrépite de Constantinople, et les jeunes royautés qui jetaient les bases des nations modernes s'émancipaient de tout vasselage et de toute tutelle, à mesure qu'elles sentaient leurs forces grandir. C'est réellement alors, dans le dernier quart du vie siècle, que s'opérait la grande révolution qui mettait fin à l'antiquité pour inaugurer le moyen âge. Mais si le nom de l'empereur disparut ainsi, à dater de ce moment, des inscriptions monétaires, l'imitation de plus en plus dégénérée des types impériaux se maintint assez longtemps encore, et on peut la suivre pendant presque toute la durée du monnayage mérovingien.

CHAPITRE X

Les anciens avaient-ils à côté de leurs monnaies, comme une chose absolument distincte, ce que nous appelons des médailles ?

Le mot *médaille*, absolument inconnu à l'antiquité, a été emprunté chez nous, dans le xvɪᵉ siècle, à l'italien *medaglia*. Cette dernière expression, dans l'origine, n'était pour les Italiens qu'un synonyme d'obole ou demi-denier ; c'était l'équivalent du mot de basse latinité *medallia*, dont notre *maille* était à son tour la contraction conforme aux lois de formation de notre idiome. Les mailles italiennes ou *medaglie* étant tombées en désuétude, on donna ce nom aux anciennes pièces qui n'avaient qu'un intérêt de curiosité. C'est dans les écrivains du xvᵉ siècle que le mot apparaît avec ce sens en Italie, et à la même époque Philippe de Commynes s'en sert le premier chez nous en parlant des collections numismatiques de Pierre de Médicis. La *medaglia* ou médaille étant ainsi devenue dans les habitudes du langage une pièce monétaire étrangère à la circulation, envisagée seulement au point de vue de l'art ou de la curiosité, les mêmes mots prirent naturellement un nouveau sens; ils s'appliquèrent, par opposition au terme de monnaies, aux pièces que l'on commençait précisément dans le xve siècle à fabriquer (comme on a continué depuis lors, mais comme ne faisait pas le moyen âge) sous une forme analogue à celle des monnaies et avec les mêmes procédés, à titre d'objets d'ornement ou comme moyen de perpétuer le souvenir des événements, mais sans les destiner à circuler avec une valeur légale. C'est dans cette acception que je prends le mot quand je pose la question de savoir si les anciens, à côté de leur monnaie courante, ont eu des médailles sans caractère proprement monétaire.

Si l'antiquité a connu l'usage des médailles au sens que je viens d'indiquer, il y a eu, du moins, bien peu de développements, puisque ni les Grecs ni les Romains n'ont éprouvé le besoin de posséder dans leur langage un terme différent de ceux par lesquels on nommait la monnaie. Et pourtant les Romains avaient adopté une expression spéciale, celle de *nomismata*, pour la désignation des monnaies anciennes recueillies comme objets de curiosité, pour les médailles de collections.

Il est vrai de remarquer que les sociétés antiques ne devaient pas ressentir au même degré que les nôtres le besoin de faire frapper spécialement des médailles commémoratives avec l'unique intention de conserver par elles le souvenir des grands événements. Ceci tenait à la manière dont elles avaient conçu les types des monnaies courantes, au caractère et à la variété qu'elles admettaient pour ces types. Aussi quand on voulait y

consacrer aux événements un souvenir métallique, il
n'était pas nécessaire de recourir à la fabrication d'une
médaille destinée à rester en dehors de la circulation
du numéraire. C'est par la monnaie même que l'on as-
surait la mémoire du fait en y plaçant un type allusif.
La Confédération suisse agit encore de même de nos
jours. A chacun de ses grands tirs fédéraux, au lieu
d'une médaille inutile, elle fait frapper une pièce de
5 francs avec des coins nouveaux, dont les types et les
inscriptions rappellent la circonstance exceptionnelle
qui en a produit la fabrication. Cette pièce entre dans
la circulation générale au même titre que les espèces
monétaires semblables comme poids et portant la même
marque de valeur; en même temps on peut la conserver comme souvenir. C'est à la fois une monnaie et
une médaille commémorative. De même en Belgique
sous Léopold Ier, lors du mariage du duc de Brabant,
aujourd'hui roi, l'on frappa une pièce de 20 francs à
l'effigie de ce prince, destinée à la fois à circuler comme
monnaie et à garder la mémoire de l'événement.

Les Grecs, aux temps de leur indépendance, n'ont
jamais connu d'autre manière de procéder. L'usage des
médailles proprement dites leur a toujours été étranger;
même nous avons vu que sur leurs monnaies ils n'ont
admis que tard les types allusifs aux événements, et
cela toujours d'une manière assez détournée. Sans
doute certaines monnaies grecques d'argent ou d'or
semblent au premier abord, par leurs dimensions exceptionnelles, répondre à ce que sont dans nos idées l'apparence et les proportions d'une médaille plutôt que
elles d'une monnaie. Mais cette impression est inexacte.

Il est facile de constater par des preuves positives que
les plus grosses pièces d'or et d'argent des Grecs, au
lieu d'être des médailles, représentent des tailles monétaires habituellement usitées dans la pratique de la circulation au moment où elles furent frappées.

En revanche, dans la série impériale romaine, nous
rencontrons avec certitude des pièces d'or, d'argent et
de cuivre, reconnaissables en général à leurs dimensions extraordinaires, qui n'ont jamais été des monnaies et qui, bien que fabriquées par les mêmes procédés que celles-ci, ont eu un autre usage, une autre
destination. Ce sont celles qu'en numismatique on a
pris l'habitude de désigner d'après leurs proportions
par le nom de « médaillons », de l'italien *medaglione*,
une grosse médaille.

Ces médaillons ne commencent qu'avec le règne de
Trajan. Ceux d'or se multiplient seulement sous les
empereurs du IIIe siècle. Suivant la judicieuse remarque
d'Eckhel, leurs types ont très rarement un caractère
historique que l'on puisse rapporter à un événement
précis, et par là ils diffèrent complètement de nos médailles commémoratives. Les types des monnaies courantes des mêmes empereurs sont en général bien plus
historiques; c'est sur celles-ci que l'on plaçait les allusions aux faits dont on voulait conserver la mémoire
sous forme numismatique.

Il importe, du reste, d'établir une distinction entre les
médaillons impériaux d'après la matière dont ils sont
formés, pour la recherche de leur destination originaire.

Les médaillons d'or et d'argent forment un groupe
à part. Ils ont toujours un poids monétaire exact, ce

qui n'a pas lieu, du reste, de surprendre, tout en admettant qu'ils n'étaient pas destinés à circuler légalement.
Dans les habitudes de la cour de Byzance, les bulles
d'or que l'on appendait à titre de sceaux au bas de
certains actes particulièrement solennels devaient avoir
un poids régulier de deux, trois, quatre *solidi*[1] au plus.
Nous-même, nous avons généralement soin de donner
à nos médailles d'or ou d'argent une valeur exacte, appréciable en une somme déterminée de monnaie. Mais
si les médaillons d'or en particulier ont toujours un
poids monétaire exact, nous savons, d'un autre côté, que
la monnaie courante de l'empire romain n'a jamais
admis de tailles supérieures à trois ou quatre *aurei*[2], à
ce que l'on appelait le *ternio* et le *quaternio*. Il est
donc facile de discerner d'après leur dimension et leur
poids les pièces d'or, et aussi celles d'argent, qui n'ont
jamais eu le caractère de monnaies et ont toujours été
de véritables médailles.

Lampride raconte dans la vie d'Alexandre Sévère
qu'Élagabale, dans une de ses coûteuses fantaisies,
avait fait frapper pour les distribuer à ses familiers des
pièces d'or dont quelques-unes allaient jusqu'à deux
livres. Son austère successeur, en montant sur le trône,
les fit fondre au profit du trésor ; et c'est ainsi qu'aucun
échantillon n'en est parvenu jusqu'à nous. D'après cet
exemple et d'après quelques autres dont il serait pos-

1. Unité monétaire de l'or à partir du règne de Constantin.
Le *solidus* pesait un soixante-douzième de livre.

2. D'Auguste à Constantin, l'unité d'or fut l'*aureus*, pesant le
double du denier d'argent et en représentant vingt-cinq fois la
valeur.

sible de le corroborer, on est en droit d'affirmer que les médaillons d'or et d'argent étaient fabriqués spécialement pour être distribués aux personnages de plus de marque dans les *donativa* militaires et dans toutes les autres occasions de largesses publiques, de cadeaux officiels, tels que ceux qui avaient lieu aux calendes de janvier ou aux Saturnales. On peut même ajouter que les médaillons d'or étaient probablement donnés en présent par les empereurs et ceux d'argent par les consuls entrant en charge.

En effet, qu'il y eût une règle fixe de ce genre pour la distinction de l'emploi des deux métaux dans les largesses officielles, c'est ce que nous apprenons d'une manière positive par le précepte relatif à la nature des *missilia*, c'est-à-dire des petites pièces de monnaie que l'on jetait au peuple dans les pompes solennelles. Justinien le répète encore en ces termes, dans sa vi⁰ Novelle : « A la seule autorité impériale appartient le privilège de répandre l'or sur le peuple, car à elle seule il appartient de mépriser la plus haute forme de la richesse. Quant à l'argent, qui est ce qu'il y a de plus précieux après l'or, il est convenable que les consuls en fassent leurs largesses. » Il est vrai que les écrivains de l'époque mérovingienne nous montrent Clovis, à la pompe de sa proclamation comme patrice et consul, faisant jeter au peuple des monnaies d'or dont quelques échantillons sont peut-être parvenus jusqu'à nous. C'était là une véritable usurpation sur les droits impériaux. Mais aussi n'était-ce pas un consul ordinaire que le terrible roi des Francs. Trop heureux de lui voir accepter les insignes du consulat, ce qui constituait

une véritable reconnaissance de vasselage, l'empereur
de Constantinople n'était pas en mesure de lui demander
des explications sur des irrégularités et des empiéte-
ments de ce genre.

FIG. 77. — MÉDAILLON D'OR DE L'EMPEREUR HONORIUS
AVEC ENCADREMENT ET BÉLIÈRE.

Donnés dans les circonstances que je viens d'indiquer, la plupart des médaillons d'or ont été portés au
cou comme insignes de la faveur impériale. On les retrouve fréquemment encore munis de la bélière qui
servait à les suspendre, entourés de riches encadrements d'or qui achevaient d'en faire des bijoux d'un

grand luxe. C'est sous cette forme qu'ils devaient être
généralement donnés, surtout à partir d'une certaine
époque. En effet, l'addition de la bélière est surtout
constante sur les médailles des empereurs postérieurs

FIG. 77 bis. — MÉDAILLON D'OR DE L'EMPEREUR HONORIUS
AVEC ENCADREMENT ET BÉLIÈRE.

à Constantin, en même temps que ces médaillons atteignent à l'ordinaire des dimensions et des poids inconnus
aux époques plus anciennes. Les énormes médaillons
d'or pesant jusqu'à 40, 48, 56 et 90 *solidi*, comme ceux
du Cabinet impérial et royal de Vienne, n'ont jamais
été découverts que dans les pays occupés par les bar-

bares au temps ou ils furent fabriqués. On les faisait
pour les envoyer en présent à ceux des chefs de ces
peuples qui reconnaissaient la suprématie nominale de
l'empire, en même temps qu'on leur décernait des titres
de cour qui flattaient leur vanité. C'est ainsi que Gré-
goire de Tours raconte que le roi Chilpéric lui fit voir
un jour les cadeaux impériaux qu'il venait de recevoir
de Constantinople. « Il me montra aussi des médailles
d'or du poids d'une livre que lui avait envoyées l'empereur. D'un côté, elles portaient l'effigie de l'empereur,
avec cette inscription à l'entour : *Tiberii Constantini per-
petui Augusti* ; de l'autre, un quadrige et son conducteur avec cette inscription : *Gloria Romanorum*. Il me
fit voir encore plusieurs autres objets précieux que lui
avaient offerts les ambassadeurs ». Il faut remarquer ici
que la légende *Gloria Romanorum*, affirmation de la suprématie romaine, est effectivement celle qui se lit presque toujours avec des types variés au revers des énormes
médaillons d'or destinés à ces présents aux barbares.

Les médaillons de bronze se distinguent des monnaies du même métal par un caractère absolument précis
et certain, qui ne permet pas de conserver un doute
sur leur nature non monétaire : c'est l'absence des lettres SC, *senatus consulto*. La présence de ces lettres
était en effet d'une rigoureuse nécessité sur la monnaie
de cuivre pour lui donner libre circulation dans tout
l'empire. Elle y était la marque indispensable de l'autorité du sénat, auquel Auguste avait laissé la direction, la surveillance et la responsabilité du monnayage
de ce métal. Les médaillons se distinguent aussi généralement des monnaies contemporaines par un travail

plus soigné, plus précieux, par une supériorité marquée de fabrication et de type. Les coins en ont été gravés avec moins de hâte et plus de recherche; la frappe en est plus régulière, plus attentive et toujours mieux réussie. Ce sont des produits plus parfaits de l'industrie du monnayeur, qui a pu y consacrer plus de temps et plus de soins, travailler à tête reposée sans être pressé par les besoins de l'usage public, et par suite y donner davantage le caractère d'une véritable œuvre d'art.

Si les dimensions en diamètre ne dépassent pas dans tous les cas celles des plus fortes monnaies, le flan métallique des médaillons est toujours notablement plus épais. L'épaisseur en varie d'ailleurs d'une manière très sensible d'un exemplaire à l'autre du même médaillon, et il est clair que l'on n'attachait aucune importance à donner une égalité de poids plus ou moins exacte aux diverses répliques. Enfin, l'on remarque quelquefois dans la préparation du flan de ces pièces des recherches singulières et coûteuses qu'on n'eût pu se permettre en fabriquant de vraies monnaies, car elles exigeaient des frais de main-d'œuvre qui eussent produit des pertes sensibles pour les finances publiques. Je veux parler des médaillons qu'une fantaisie bizarre faisait frapper sur un flan de deux métaux, formé d'un disque de bronze d'un certain alliage et d'une certaine couleur, serti au milieu d'un cercle de bronze d'autre composition et d'autre couleur, l'empreinte des types du coin-matrice s'étendant sur la totalité des deux surfaces formées de cette manière de l'un et de l'autre côté de la pièce.

Les médaillons de bronze impériaux se rencontrent fréquemment encastrés dans une large bordure du même métal, fondue et ciselée, qui en augmente très fortement la largeur et a reçu une décoration plus ou moins riche. Le plus souvent, la bordure est très simple, présentant seulement quelques moulures circulaires, de manière à faire ressortir par le contraste l'élégance et la richesse des types de la pièce placée au centre.

Le Beau et l'abbé Barthélemy ont très ingénieusement

FIG. 78. — MÉDAILLON DE BRONZE DE DEUX MÉTAUX.

conjecturé que les médaillons de bronze ainsi encastrés devaient être appendus aux enseignes militaires, pour y montrer l'image du souverain, objet d'un culte public. Il n'est pas besoin d'accumuler ici les passages qui, chez les auteurs anciens, prouvent que les portraits impériaux faisaient la principale décoration des enseignes légionnaires. Suétone raconte qu'Artaban, roi des Parthes, ayant passé l'Euphrate pour traiter de la paix, adora les aigles romaines et les images des césars qui y étaient attachées. Ce furent ces images dont l'aspect souleva tout le peuple de Jérusalem, lorsque Pontius

Pilatus eut fait entrer dans cette ville les enseignes romaines. C'est aussi ce qui, dans l'âge des persécutions, coûta la vie à tant de chrétiens, qui, pour cette raison, refusaient d'entrer dans la milice ou de rendre aux enseignes un culte que leur religion leur interdisait. Toutes les fois que les légions se lassaient d'un empereur, elles arrachaient son portrait de leurs étendards pour y substituer celui du nouveau maître qu'elles choisissaient. Les nombreuses représentations des enseignes romaines que nous offrent les sculptures de différents monuments, en particulier celles des arcs de triomphe, ne laissent pas de doutes sur ce qu'étaient les images impériales qu'on y attachait. Elles y figurent toujours sous la forme de médaillons ayant exactement l'aspect de nos médaillons de bronze encastrés; presque jamais on n'en voit un seul par enseigne, mais deux, trois ou même quatre superposés les uns aux autres et tantôt appliqués, tantôt suspendus par des chaînettes le long de la partie supérieure de la hampe, immédiatement au-dessous de l'aigle qui la surmontait. Souvent les médaillons de bronze encastrés que l'on rencontre dans les collections présentent à la partie supérieure ou inférieure de la circonférence de leur bordure les traces incontestables du tenon métallique qui servait à les fixer les uns au-dessus des autres.

Cependant la majorité des médaillons de bronze impériaux ne sont pas encastrés dans des bordures du genre de celles qui les rendaient propres à être fixés le long des enseignes et ne l'ont certainement jamais été. Il faut donc que l'on en ait fabriqué, et en grand nombre, pour un autre usage. C'est là d'ailleurs

un emploi pour lequel on utilisait les médaillons non
monétaires et non pas la destination en vue de laquelle
on les frappait. En effet, on leur substituait quelquefois
dans cet emploi de grands bronzes monétaires, marqués
au revers des lettres S C qui assuraient leur circulation,

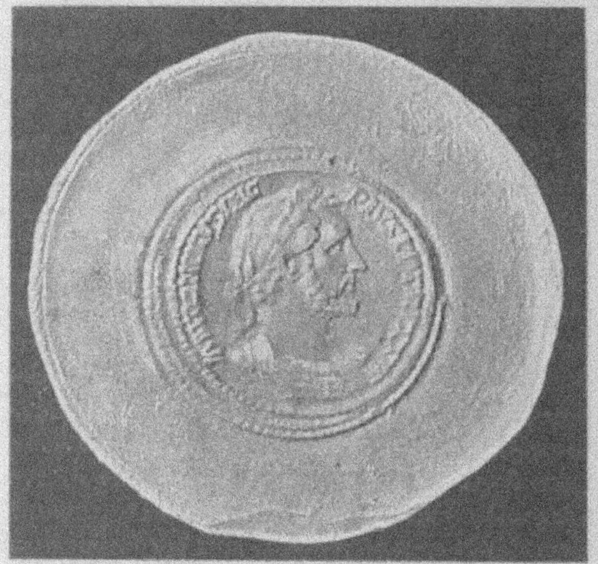

FIG 79.
MÉDAILLON DE BRONZE IMPÉRIAL AVEC ENCASTREMENT.

quand le module de ces pièces les rendait propres à un
tel usage. On en rencontre qui ont été munis de l'encadrement des images d'enseignes exactement comme des
médaillons, et dont l'application à cet emploi ne peut
faire l'objet d'un doute.

Quelle était donc l'intention dans laquelle on fabriquait les médaillons de bronze non monétaires? Ces pièces sont d'un métal trop vil pour avoir pu servir à des présents impériaux ou consulaires, comme les médaillons d'or et d'argent. D'un autre côté, le travail en

FIG. 79 *bis.*
MÉDAILLON DE BRONZE IMPÉRIAL AVEC ENCASTREMENT

était trop soigné, la fabrication trop coûteuse pour que l'on puisse admettre que c'étaient de simples tessères distribuées au peuple comme billets donnant part à la distribution dans les congiaires, les frumentations et les autres circonstances analogues. Mais de même que la matière des médaillons d'or et d'argent fournit un indice très sûr pour en reconnaître la destination, il semble que dans la matière des médaillons de bronze on puisse trouver une lumière sur l'autorité qui les faisait fabriquer. Ils ont été exécutés par les mêmes graveurs et dans les mêmes ateliers que les monnaies de cuivre; la vraisemblance est donc que l'ordre de leur fabrication a dû être donné par l'autorité qui dirigeait ces ateliers, c'est-à-dire par le sénat, maître de la frappe du cuivre comme l'empereur l'était de celle de l'or et de l'argent. Le jugement le plus vraisemblable sur l'origine et la destination de la plupart des médaillons de bronze, celui qui paraît le mieux fondé, reste toujours celui d'Eckhel : « Je ne crois pas me tromper, dit-il, en rapportant leur fabrication à l'origine suivante. Ces médaillons ont dû être faits par l'autorité du sénat lorsqu'il émettait des vœux publics pour l'empereur, dans des circonstances telles qu'une arrivée (*adventus*), un départ (*profectio*), un triomphe ou bien chaque année aux calendes de janvier, ou bien encore dans quelque solennité religieuse. Émis dans des circonstances de ce genre et répandus dans le public pour en conserver le souvenir, on s'explique le soin tout particulier apporté à

FIG. 80.

ENSEIGNES ROMAINES
D'APRÈS
DES BAS-RELIEFS.

leur travail. On comprend aisément comment ils sont
en bronze, puisque le sénat n'avait de droit que sur ce
métal, et comment la
marque S C y a été sup-
primée pour empêcher
leur confusion avec la
monnaie. »

De Rome, l'usage des
médaillons de bronze
non monétaires passa
dans les provinces orien-
tales vers l'époque d'Ha-
drien. C'est depuis le
règne de ce prince
jusque vers la fin du
IIIe siècle qu'il y donna
naissance aux grands
médaillons, analogues
à ceux de coin romain
et toujours en bronze
avec les têtes des empe-
reurs, que fabriquèrent
les cités de l'Asie Mi-
neure et de la Thrace, à
l'occasion de ces jeux
périodiques et solennels
qui tenaient alors tant
de place dans la vie des

FIG. 81.

MÉDAILLON IMPÉRIAL DE BRONZE
D'ASIE MINEURE.

Grecs dégénérés, et par lesquels ils se consolaient de la
liberté perdue. Ces médaillons des provinces d'Orient,
quelquefois de dimensions plus larges que ceux de coin

romain, mais au flan généralement moins épais, s'en
distinguent dès le premier coup d'œil par un travail
bien moins soigné, par un plus mauvais style, aussi
bien que par la nature et les sujets des types des revers,
presque tous agonistiques, par la langue des légendes,
qui est constamment le grec, et par l'inscription des
noms des villes qui les ont fait frapper. Souvent aussi
elles l'ont été au nom de ces assemblées de délégués des

FIG. 82. — MÉDAILLON DE BRONZE D'ÉPHÈSE.

villes d'une même province, désignées par les noms de
conventus ou de *commune*, en grec κοινόν, qui se réunis-
saient sous la surveillance des gouverneurs romains pour
délibérer sur certains intérêts communs ou bien pour
administrer certains cultes et certains jeux. Une partie
de ceux de ces *koina* dont les noms se lisent sur les
médaillons n'apparaissent pas également sur les monnaies; c'est l'indice que les communautés qui se trouvent dans ce cas pouvaient bien faire fabriquer des médailles n'ayant pas de cours légal, mais ne possédaient
pas pour cela le droit d'un monnayage collectif.

CHAPITRE XI

Sous ce nom de *médaillons contorniates* on désigne des médailles planes, d'un cuivre dont la couleur et l'alliage varient, d'une fabrique particulière, d'un travail et d'un style souvent imparfaits, dont les types ont en général peu de relief. Le module en est à peu près égal à celui des médaillons de bronze impériaux, mais leur poids est inférieur, le flan ayant moins d'épaisseur. Ces médaillons portent presque tous sur leurs deux faces un cercle parfaitement régulier, tracé en creux à l'aide du tour ; quelquefois aussi les bords de la tranche sont un peu relevés, afin d'empêcher le frottement des types en relief. Le cercle en creux, auquel ces pièces doivent leur nom (de l'italien *contorno*), ne leur est pas exclusivement propre ; on le retrouve aussi sur quelques médaillons proprement dits des empereurs postérieurs à Constantin. Mais ce qui distingue nettement les contorniates, c'est qu'en immense majorité, au lieu d'être frappés au marteau, ils sont coulés, avec ou sans retouches au burin.

Une des faces est occupée ordinairement par une tête ou un buste, et la majeure partie des sujets figurés sur les revers se rapportent aux jeux du cirque ou de l'amphithéâtre ; quelques-uns sont empruntés aux traditions mythologiques et on en trouve en ce genre de fort curieux ; d'autres enfin reproduisent avec plus ou moins de fidélité, et assez souvent d'une manière servile, des types copiés sur ceux d'anciennes monnaies impériales. Les têtes du droit sont fort variées : on en voit des premiers empereurs aussi bien que des princes du Bas-Empire, d'Alexandre le Grand, des hommes célèbres, orateurs, poètes, philosophes, rhéteurs, philosophes de la Grèce et de Rome. D'autres fois des bustes d'auriges ou *agitatores* du cirque, tenant leur cheval par la bride, ou bien des masques scéniques sont figurés au droit des contorniates. Les têtes de divinités sont très rares sur ces pièces ; on n'y relève que celles de Jupiter Sérapis, de Minerve, de Mercure, le dieu de la palestre, du Soleil, de Rome et d'Hercule.

C'est incontestablement aux temps du Bas-Empire qu'ont été faits les contorniates. Quelques-uns, les plus anciens, remontent jusqu'au temps de Constantin et de ses fils ; le plus grand nombre datent de l'intervalle compris entre le règne de Valens et celui d'Anthemius. Tous sont de fabrication occidentale, même ceux dont les inscriptions sont en grec. Aucun ne présente la tête d'un des empereurs qui régnèrent seulement sur l'Orient ; aucun n'offre dans son travail les caractères de style qui distinguaient déjà d'une manière certaine, au IVᵉ et au Vᵉ siècle, l'art de Byzance de celui des pays latins.

En même temps il est impossible de méconnaître la
relation étroite qui existe entre les contorniates et les
jeux et spectacles du cirque, lesquels tenaient une si
grande place dans la vie des Romains aux siècles où ils
furent fabriqués. La grande majorité des types de leurs
revers est là pour l'attester; ce sont tantôt des vues du
Circus Maximus de Rome, tantôt des scènes empruntées

FIG. 83.
MÉDAILLON CONTORNIATE AVEC LE PORTRAIT D'HORACE.

aux courses de chevaux et de chars, dont les diverses
factions divisaient la population et avaient pris l'importance de partis politiques, aux combats des bestiaires
contre les animaux, aux luttes d'athlètes, aux tours
d'adresse des bâtonnistes et aux concours de musique.
Dans d'autres cas, et très souvent, ce sont les portraits
des favoris des courses, chevaux ou cochers, accom-
pagnés de leurs noms, que montre l'une ou l'autre face
de la pièce. Les types mythologiques eux-mêmes y sont

fréquemment allusifs à la fondation des jeux les plus célèbres.

C'est comme protecteurs et fauteurs des plaisirs du cirque que les anciens empereurs ont leurs effigies placées sur ces pièces. On rappelle ainsi ce qu'ils avaient fait pour développer des divertissements aussi chers. Deux têtes surtout reviennent très habituellement, celles

FIG. 84. — MÉDAILLON CONTORNIATE AVEC PORTRAIT
DE COCHER DU CIRQUE.

de Néron et de Trajan, association bizarre dans une popularité posthume du plus odieux monstre et du meilleur empereur qui aient exercé le pouvoir, mais qui s'explique en ce que le premier avait institué les Jeux Quinquennaux et en ce que le second avait considérablement agrandi le Cirque. Il ne faut pas oublier, d'ailleurs, que le souvenir de Néron n'éveillait pas dans le peuple de Rome le sentiment d'exécration qui eût été légitime. Il était, au contraire, très populaire, surtout

dans le monde qui vivait du cirque et de l'amphithéâtre
et se passionnait pour leurs spectacles. C'était l'empereur sportsman par excellence, celui qui s'était le plus
intéressé à la splendeur des jeux, le premier qui y eût
pris part lui-même comme acteur.

Les médaillons contorniates ont donc été fabriqués
à l'occasion des jeux du cirque. Ce ne sont certainement pas des monnaies; ce ne sont pas non plus des
médailles commémoratives comme celles que font
frapper les gouvernements. Ils n'émanent d'aucune autorité publique et portent tous les caractères de fabrications privées.

Pinkerton a émis la conjecture que les contorniates
avaient été des tessères, des billets distribués pour donner
entrée dans le cirque. Cette interprétation semble admissible pour une petite partie d'entre eux. Tels sont
ceux qui ont été copiés d'anciennes monnaies et qui ne
pouvaient guère servir que comme une sorte de jetons.
Deux autres, à la tête de Néron, semblent, d'après les
types de leurs revers, n'avoir pu être destinés qu'à donner
droit à une part dans une distribution publique de comestibles. La même explication d'origine et de destination cadrerait très bien avec celui qui, portant sur le
droit la tête de l'empereur Placidus Valentinianus,
montre au revers le consul Petronius Maximus présidant les jeux.

Cependant il faut remarquer que sur les contorniates
on ne rencontre jamais de chiffres indicateurs de telle
ou telle cavea, de telle ou telle rangée de places, comme
sur les véritables tessères théâtrales ou agonales. Au
contraire, ces chiffres ne font défaut dans aucun exemple

connu sur les monuments de cette dernière espèce, et,
en effet, des indications de places étaient nécessaires
sur les billets qui donnaient entrée dans le théâtre,
dans le cirque et dans l'amphithéâtre.

D'ailleurs on ferait difficilement accorder la théorie
de Pinkerton avec le souhait *vincas*, en grec *nika*,
adressé le plus souvent dans les légendes des contor-

FIG. 85. — MÉDAILLON CONTORNIATE AVEC TYPE ALLUSIF
A UNE DISTRIBUTION DE COMESTIBLES.

niates à tel ou tel des favoris, chevaux ou cochers, dont
ils offrent l'image, quelquefois avec l'indication de sa
faction. Le magistrat qui donnait les jeux par une obli-
gation de sa charge n'aurait pas pu prendre parti d'une
manière aussi publique pour tel ou tel des coureurs qui
se disputaient la palme, sur les billets même distribués
à l'entrée. S'il est donc possible d'admettre que quelques-uns des contorniates ont pu jouer le rôle de tessères donnant accès aux jeux, cette théorie ne s'appli-
querait qu'à une fort petite part de leur nombreux

ensemble. Pour la grande majorité il faut chercher un autre usage, une autre destination.

Pour ma part, je suis surtout frappé du caractère talismanique évident d'une très notable partie des types de ces pièces. La tête qui s'y montre le plus fréquemment est celle d'Alexandre le Grand, et la figure du héros macédonien n'est pas moins multipliée sur les revers. Or nous savons par des textes tout à fait précis que les monnaies et médailles à l'effigie d'Alexandre étaient considérées comme des talismans infaillibles pour porter chance. Le choix de la plupart des sujets mythologiques figurés au revers des contorniates est tout à fait remarquable au même point de vue. C'est Hécate entourée de serpents, Hécate la déesse des enchantements, dont la figure décore tant d'amulettes, en particulier tant de ces pierres gravées, pour la plupart magiques, que l'on se dispense trop souvent d'étudier en les rejetant pêle-mêle dans la classe des *abraxas* ou soi-disant *pierres gnostiques*. Ce sont les dieux spécialement qualifiés d'*alexikakoi*, ceux qui repoussent les maux et les influences funestes, Apollon tuant le serpent Python, Hercule et ses différents travaux. Or ces exploits du fils d'Alcmène, nous voyons au Bas-Empire les médecins eux-mêmes, comme Alexandre de Tralles, prescrire de les graver sur certaines gemmes pour en faire des amulettes qui amèneront la guérison de telle ou telle maladie. Notons maintenant, parmi les scènes empruntées à l'histoire héroïque, les exploits de Thésée, parallèles à ceux d'Hercule, auxquels on attachait les mêmes idées, on attribuait le même pouvoir : Ulysse échappant aux périls de Scylla, à ceux de l'antre de Polyphème, ou bien déjouant les enchantements de Circé; la perfidie de Dircé châtiée par Amphion et Zétus; Énée sauvant son père et sortant sain et sauf de l'incendie de Troie, Énée que certaines légendes de basse époque, qui naissaient alors, représentent comme particulièrement versé et puissant dans les arts magiques. Ce sont là bien manifestement des sujets tous destinés à porter bonheur, à écarter un danger, à repousser un maléfice.

FIG. 86.
MÉDAILLON CONTORNIATE
AU REVERS D'ULYSSE
ET SCYLLA.

Quant aux écrivains célèbres dont les effigies sont représentées sur les contorniates, ils sont en général choisis parmi ceux à qui commençait à se former sous le Bas-Empire une réputation de magiciens qui s'est prolongée dans le moyen âge. Tel est le cas d'Homère, de Pythagore, de Virgile, de Salluste, que l'on rencontre sur ces monuments aussi bien que le thaumaturge Apollo-

nius de Tyane et qu'Apulée, accusé déjà de magie
de son vivant même. Une étude complète des contorniates qui offrent des portraits de personnages célèbres ne pourrait être faite qu'en groupant les légendes
superstitieuses et bizarres qui firent à Constantinople
regarder tant de statues de grands hommes comme
des talismans, et celles qui avaient cours sur les poètes
latins dans les premiers siècles de la Rome du moyen
âge.

L'époque du Bas-Empire, à laquelle il faut rapporter les médaillons contorniates, fut particulièrement
marquée par un développement énorme des supersti-
tions magiques et talismaniques, en même temps que
la passion des courses du cirque atteignait son plus
haut degré d'ardeur. Le paganisme mourant tournait
en théurgie. Les images des dieux, les représentations
mythologiques étaient regardées comme douées d'un
pouvoir mystérieux ; on en faisait des talismans, que
beaucoup de chrétiens eux-mêmes se laissaient aller à
porter malgré les condamnations des Pères de l'Église
contre ces pratiques. La superstition magique se mêlait
à tous les actes de la vie. Dans les luttes du cirque,
chacune des factions était persuadée que l'adverse employait des sortilèges pour faire échouer ses coureurs
C'était la grande accusation qu'elles se jetaient réciproquement à la face.

Les contorniates sont le témoignage matériel, le
monument de ces croyances et de ces préjugés. La plupart de leurs types étaient destinés à porter bonheur,
comme de vrais talismans, aux chevaux et aux cochers
de telle ou telle faction, en faveur desquels ces pièces

portaient des acclamations propices, souhaitant la victoire et déjouant l'effet des maléfices ou des imprécations funestes.

Déjà plusieurs érudits illustres ont reconnu le caractère talismanique de la grande majorité des contorniates. Mais ils leur attribuent un usage trop restreint, en admettant uniquement que les coureurs et les co-

FIG. 87. — MÉDAILLON CONTORNIATE AVEC L'EFFIGIE
DE TRAJAN.

chers devaient les porter sur eux dans des ligatures magiques, pour s'assurer la réussite. Je crois à cet emploi, mais il ne me paraît pas suffisant pour expliquer le grand nombre d'exemplaires que l'on rencontre de certains de ces médaillons. Il me semble nécessaire d'admettre qu'à la porte du cirque on devait vendre ou distribuer les contorniates en l'honneur des favoris de l'une et de l'autre faction. Les partisans de la verte ou de la bleue se munissaient de la médaille de leur coureur comme d'un talisman destiné à déjouer les manœuvres et les sortilèges du parti adverse. C'était quelque chose d'analogue aux *fétiches* que cherchent à porter sur eux les joueurs et les parieurs de courses, car cette ridicule superstition est loin d'être morte, et il serait facile d'en citer de nos jours bien des exemples, et des plus bizarres.

On sait avec quelle ardeur les empereurs eux-mêmes prenaient parti pour les bleus ou les verts, s'enrôlant publiquement dans une des factions du cirque et la soutenant de leur active protection. Les contorniates où l'on voit le portrait de l'empereur régnant sont bien évidemment ceux de la faction pour laquelle il s'était déclaré. C'est, au contraire, celle qui ne pouvait se parer ainsi de l'effigie du maître en possession du pouvoir, qui recourait aux effigies des empereurs d'autrefois, protecteurs du cirque, comme Auguste, Néron ou Trajan. Il lui fallait bien chercher des patrons dans le passé pour contre-balancer le patron vivant du parti adverse.

CHAPITRE XII

TESSÈRES THÉÂTRALES ET JETONS

Si les médaillons contorniates n'étaient pas, au
moins pour la plus grande partie, des tessères théâtrales, des billets donnant entrée aux spectacles, il existe
un certain nombre de ces tessères qui ont été exécutées
au moyen des procédés de la frappe monétaire. Ce sont
des jetons de cuivre, d'un module intermédiaire entre
ceux que l'on désigne vulgairement sous les noms de
moyen et de *petit bronze*, module qui n'était celui d'aucune monnaie circulante. Les plus intéressants, car ils
déterminent la date des autres, offrent d'un côté la tête
d'un empereur ou d'un personnage de sa famille, de
l'autre, au milieu d'une couronne, un grand chiffre
allant de I à XVI; c'est le numéro de la cavea où la tessère donnait droit de se placer. D'après les têtes que
l'on y voit figurer et d'après le style, ces tessères de
cuivre frappées avec des coins analogues à ceux des
monnaies, et sans doute dans les mêmes ateliers, ont
vu le jour à deux époques différentes, séparées par un
hiatus de plusieurs siècles, d'abord d'Auguste à Claude.

puis sous les empereurs du Bas-Empire, Julien, Théo-
dose, Honorius. Dans l'intervalle, par une raison qui
nous échappe, on cessa cette fabrication et l'on donna
une préférence exclusive aux tessères d'os et de plomb,
dont nous n'avons pas à parler ici, car elles sont absolument étrangères au ressort de la numismatique.

Quelquefois, avec les mêmes chiffres au revers, ce
sont des têtes de
divinités qui rem-
placent sur le
droit les effigies
impériales. D'au-
tres fois, c'est un
petit sujet, vive-
ment et spirituel-
lement retracé,
exécuté avec une

FIG. 89.
TESSÈRE THÉATRALE DU HAUT-EMPIRE.

grande finesse dans le style d'art de la meilleure époque
impériale. Le plus souvent, le sujet est emprunté aux
spectacles mêmes pour lesquels ces tessères servaient
de billets d'entrée; c'est un cocher vainqueur et tenant
la palme, dans son char au galop, ou bien un autre,
triomphateur du cirque, défilant au pas dans un char
attelé de mules, ou bien encore un chameau qui marche
précipitamment en portant sur le dos une tourelle où
sont deux figures. Plus rarement ce sont des divertissements privés qui ont fourni les sujets de ces tessères :
telle est celle où l'on voit deux joueurs de mourre en
face l'un de l'autre, et celle où quatre hommes balancent
une femme dans un panier.

Il est encore nécessaire, malgré ce que le sujet a de

scabreux et de répugnant à la fois, de parler ici des tessères auxquelles une habitude invétérée fait donner généralement le nom tout à fait inexact, et l'on peut même
dire ridicule, de *spintriennes*. Ce nom y fut donné par
les antiquaires d'autrefois en vertu d'une application
erronée d'un passage de Suétone sur les débauches se-
crètes de Tibère à Caprée, lequel n'a rien à voir avec
les monuments
en question. Ces
tessères sont en
cuivre, de même
dimension, de
même fabrique
et de même style
que celles dont
je viens de par-
ler. Elles ont au

FIG. 89. — TESSÈRE THÉATRALE
AUX JOUEURS DE MOURRE.

revers les mêmes numéros, mais sur l'autre face des
sujets variés, tous de la plus révoltante obscénité.

Les prétendues spintriennes sont purement et simplement des tessères théâtrales datant de l'époque du
Haut-Empire. Leur meilleur commentaire se trouve
dans la pièce de vers où Martial célèbre la magnificence
des jeux donnés au peuple, sous le règne de Domitien,
par L. Arruntius Stella. « Chaque jour a ses présents
qui se succèdent sans relâche; le peuple se gorge du
butin immense qu'on lui jette. Tantôt c'est une nuée
de médailles aux images lascives *(lasciva numismata)*
qui tombe sur lui; tantôt des tessères distribuées sans
parcimonie invitent aux spectacles d'animaux. On peut
en toute sécurité remplir son giron de cette pluie bien-

faisante, et la volaille bien gardée attend, sans perdre une plume de ses ailes, le maître que le sort va lui donner. » On ne saurait méconnaître les tessères dont nous parlons dans les *lasciva numismata* de Martial; il n'y a pas de plus exacte définition pour les désigner. Mais on doit noter que le poëte ne semble en aucune façon parler d'une circonstance exceptionnelle dans les jeux qu'il chante; tout indique qu'il fait allusion à un usage ordinaire. Son témoignage montre même que l'usage de ces étranges billets d'entrée n'était pas exclusivement réservé, comme quelques-uns l'ont soutenu pour l'honneur de la belle antiquité, à certaines fêtes où l'on mettait plus qu'à d'autres toute retenue de côté, par exemple aux *Floralia*. La civilisation païenne voyait dans des obscénités de ce genre de simples facéties; ses amusements n'étaient pas plus moraux que ne l'est encore aujourd'hui le Karagheuz de Constantinople. Pourtant, comme la fabrication des soi-disant spintriennes ne semble pas avoir dépassé le temps de Domitien, l'on est en droit de supposer que les empereurs comme Nerva et Trajan, honnêtes et désireux de voir au moins régner dans les mœurs une certaine régularité extérieure, ne tolérèrent plus l'exhibition d'images aussi dévergondées sur les tessères des jeux publics.

En général, chez les anciens, c'étaient de simples pièces de plomb que l'on employait pour tous les usages infiniment variés auxquels ont été appliqués les jetons et les méreaux dans le moyen âge et aux temps modernes. Pourtant à côté des plombs, qui étaient fondus ou dont on produisait les reliefs au moyen d'une pression du morceau de métal dans un moule en forme de

pinces, on rencontre quelques échantillons antiques de
jetons de diverses espèces, frappés en cuivre de la même
manière que les monnaies. Presque tous ceux que l'on
connaît jusqu'ici sont de fabrique romaine et du premier siècle de l'empire.

Le plus souvent, il est impossible d'arriver à en déterminer la destination d'une manière précise, car ces
jetons sont anépigraphes et les types qui les décorent

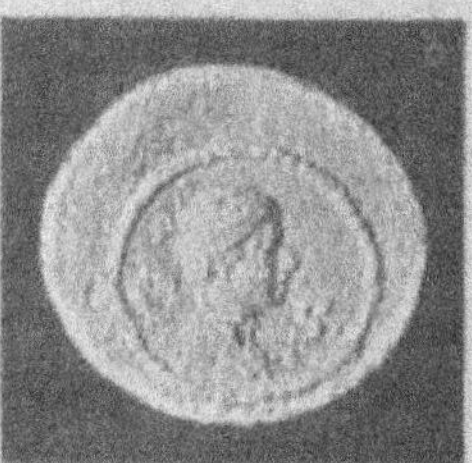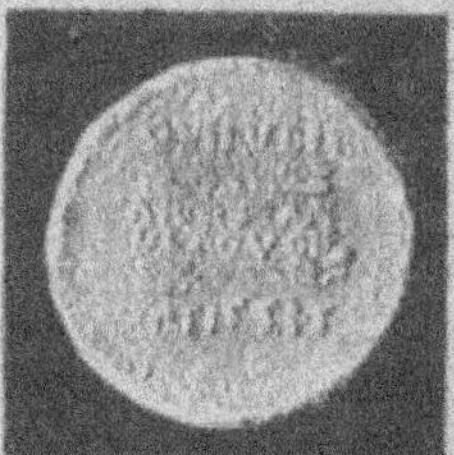

FIG. 90. — JETON DE JEU EN CUIVRE.

n'ont pas une signification assez claire pour suggérer
autre chose que des conjectures bien incertaines. Cependant quelques-uns présentent des légendes qui nous
éclaircissent sur leur destination; et ils suffisent à faire
discerner des emplois fort divers de ce genre de produits
de la frappe monétaire. Il y a des jetons de jeu; par
exemple, celui dont on connaît un assez bon nombre
d'exemplaires trouvés en Italie, en Gaule, en Espagne
et en Afrique, car l'usage en fut un moment à la mode
un peu partout dans l'Occident latin, et qui porte l'inscription *Qui ludit arram det quod satis sit :* « Que celui qui se met au jeu donne des arrhes suffisantes pour

répondre. » D'autres ont servi à des marchands ou à des industriels pour donner leur adresse. D'autres encore, principalement d'origine grecque, ont dû servir au tirage au sort qui répartissait certains magistrats par commissions, ou bien être leurs jetons de présence. Il en est aussi qui ont été fabriqués à l'occasion de fêtes, où ils servaient sans doute de tessères donnant part à des spectacles, à des cérémonies, à des banquets. On possède, par exemple, un jeton de cuivre sur lequel on lit le fameux cri des Saturnales : *Io Saturnalia, io.* Mais les jetons des Saturnales, désignés comme tels par leurs inscriptions, se rencontrent plus souvent en plomb.

Il est un dernier usage antique dont nous devons dire quelques mots avant de terminer cette partie de notre travail.

C'est à l'imitation des anciens que nos joailliers se sont mis à monter en bijoux des médailles antiques. Comme les femmes orientales de nos jours, celles de la Grèce et de Rome aimaient à trouver dans les monnaies des éléments pour leurs parures. On possède un grand nombre de bijoux antiques de tout genre, principalement des colliers et des bracelets, où les pièces d'or entrent pour une large part. Rien de plus fréquent que de rencontrer des *aurei* romains de la période impériale munis d'une bélière ou bien montés dans des encadrements ciselés et découpés, souvent d'une extrême élégance, qui les transformaient en pendants de colliers. Les plus pauvres se paraient même de monnaies d'argent. Celles qui ont servi à un tel usage sont percées d'un trou pour les enfiler en collier et en pendants. On voit même des vases de métaux précieux, tels que la fameuse patère d'or trouvée à Rennes et conservée au Cabinet des médailles de Paris, qui offrent comme motif de décoration des rangs de pièces de monnaie enchâssées dans le métal. Le jurisconsulte Pomponien, dans le *Digeste*, parle des « médailles anciennes d'or et d'argent que l'on emploie dans les bijoux à la façon des gemmes ».

Ceci conduisit l'industrie privée à exécuter des imitations de monnaies, uniquement pour les placer dans les bijoux. On raconte que, sous Élagabale, Valerius Pætus, ayant fait exécuter des pièces de plaisir en or où ses traits étaient retracés, fut condamné à mort comme ayant usurpé un droit souverain, bien qu'il prouvât avoir destiné ces pièces à composer simplement des bijoux pour ses maîtresses. Le crime qui lui coûta la vie était l'usurpation du droit d'effigie monétaire, attribut exclusif du pouvoir impérial. Mais sa défense même montre que l'on considérait comme un acte permis la fabrication de copies de monnaies destinées à faire partie de bijoux, sans doute à la condition d'y employer un procédé différent de celui de la frappe des espèces monétaires, de manière que la confusion ne fût pas possible.

En outre, il est bien évident que, pour rendre l'acte

Fig. 91. — Bracelet formé d'imitations d'hémidrachmes de Mitylène.

licite et indifférent, il fallait que l'on ne copiât pas les monnaies courantes du moment, que l'on fabriquât, ou des pièces entièrement de fantaisie ou des imitations d'anciennes monnaies depuis longtemps sorties de la circulation. C'est ainsi qu'est formé le bracelet antique dont nous plaçons ici la gravure et qui a été trouvé en Grèce. Il ne date pas d'un temps plus haut que l'époque impériale romaine, et il est composé d'imitations d'hektai (ou sixièmes de statères) en électrum de Mitylène, telles qu'on les frappait dans cette ville entre la guerre du Péloponèse et le règne d'Alexandre le Grand. Les pièces que l'on y a copiées sont donc des monnaies qui avaient cessé d'être en usage depuis cinq ou six siècles, de véritables médailles de collections d'antiquaires. En outre, au lieu d'être frappées comme les hektai originales de Mitylène, elles ont été coulées.

DEUXIÈME PARTIE

LES TEMPS MODERNES

CHAPITRE PREMIER

L'ART MONÉTAIRE AU MOYEN AGE

Dans une histoire des monnaies et médailles envisagées au point de vue de l'art, il faut passer rapidement sur la période qui s'étend des invasions des barbares au xiii⁰ siècle. Pendant cette période on fait toujours des monnaies. C'est un des besoins essentiels des sociétés. Il a pu y avoir un temps où l'on s'en est passé, comme de l'écriture, faute d'avoir encore inventé ce précieux instrument de vie économique et sociale. Mais une fois consommée, l'invention était de celles qui ne pouvaient pas se perdre. Les espèces monétaires sont d'un usage tellement indispensable et tellement quotidien qu'il en a toujours fallu, même aux plus barbares. Aucun gouvernement ni aucune société n'auraient pu exister, accomplir leurs fonctions vitales sans cet indispensable instrument des échanges.

Mais si l'on emploie toujours la monnaie, si les gouvernements continuent à en faire fabriquer, et même en grande abondance, il n'y a plus, à proprement parler, d'art monétaire. L'art a sombré, en cette matière plus qu'en aucune autre, dans le naufrage de l'ancienne civilisation. Le travail du monnayer n'est plus qu'un métier purement mécanique, dans les produits duquel on ne cherche plus le beau, que personne ne serait plus en état de sentir, et qui pendant plusieurs siècles vont en empirant. Quelques tentatives ont lieu pour régénérer le monnayage, pour y introduire une certaine part de véritable art ; mais elles ne sont qu'éphémères ; le succès en dure à peine quelques années. C'est le règne de la barbarie complète.

Cependant même les périodes de décadence barbare ont leur place nécessaire dans le tableau de l'histoire de l'art ; on ne saurait les passer absolument sous silence. Pour apprécier une renaissance il importe de mesurer exactement de quel point d'abaissement elle a fait remonter. Le présent est d'ailleurs toujours, quels que soient ses efforts pour innover, l'héritier du passé. Aux temps les plus florissants et les plus avancés, il reste une quantité de choses qui plongent leurs racines dans les temps de barbarie et dont l'origine ne peut bien se comprendre qu'en remontant à ces tristes et stériles périodes. Pour nous en tenir à ce qui touche au domaine de la numismatique, si dans certains principes essentiels de leur forme extérieure, par exemple, dans celui qui en fait des disques de métal aplanis sur leurs deux faces avec des types d'un relief extrêmement faible, les monnaies modernes diffèrent radicalement

des monnaies antiques, c'est que les restaurateurs de
l'art monétaire ont dû se conformer à des habitudes antérieurement acquises et prendre pour point de départ
la transformation que les espèces avaient subie dans
leur forme pendant la durée du premier moyen âge.

Sans donc nous appesantir sur une suite de siècles
qui rebutent par la laideur et la grossièreté de leurs
œuvres, il est nécessaire de résumer brièvement et à
grands traits l'histoire du monnayage en Occident, du
VIᵉ au XIIIᵉ siècle, durant cette longue époque où l'étude
détaillée des monuments numismatiques n'intéresse
plus que l'histoire et laisse l'amateur de l'art plus qu'indifférent.

C'est l'imitation pure, l'imitation servile et barbare,
descendant une échelle continue de dégénérescences parfois incroyables à mesure qu'elle s'éloigne de ses prototypes, procédant par imitations d'imitations, qu'exécutent
des gens qui ne comprennent plus les types et sont in-
capables de reproduire exactement ce qu'ils copient ; c'est
l'imitation qui règne en souveraine maîtresse pendant
toute la durée des premières monarchies issues de l'établissement des barbares, jusqu'à la constitution de l'empire de Charlemagne. Les Suèves et les premiers rois
des Visigoths en Espagne, les Vandales en Afrique,
les Ostrogoths en Italie, les Burgondes et les Francs en
Gaule commencèrent par battre monnaie aux types et
au nom de l'empereur d'Orient dont ils reconnaissaient
la suzeraineté nominale. Leurs propres noms, au lieu
d'être inscrits sur les espèces, n'y apparaissaient que
subrepticement, pour ainsi dire, et d'une manière détournée, sous la forme de monogrammes ou de simples

lettres initiales placées dans le champ du revers. C'est
Théodebert, roi d'Austrasie, qui le premier, à la suite de
son expédition d'Italie et dans l'enivrement de sa victoire sur les armes impériales, rompit avec les traditions
de cette déférence extérieure envers l'autorité de l'empereur de Constantinople, exila de la monnaie le nom de
celui-ci et à la place inscrivit le sien propre. En moins

de cinquante ans
toutes les royau-
tés barbares
avaient suivi son
exemple et leur
monnayage était
devenu pleine-
ment indépen-
dant. Mais par-
tout, en modi-

FIG. 92. — SOU D'OR DE THÉODEBERT,
ROI D'AUSTRASIE.

fiant les légendes et en leur donnant un caractère nouveau,
pour ce qui est des types, on se bornait à imiter les dernières espèces impériales qui avaient été frappées dans le
pays. C'est ainsi, par exemple, qu'en Gaule les monnaies
d'or d'Anastase et de Justinien furent les prototypes
dont la copie, de plus en plus dégénérée, devint la principale source du monnayage des Mérovingiens. Toute
la numismatique des royautés barbares, je l'ai déjà dit
plus haut, a pour origine cette imitation des pièces impériales auxquelles le public était habitué. Mais dans
ce système général de copies grossières, où les types allaient toujours en se déformant davantage, chaque pays,
chaque monarchie mit un cachet propre à ses imitations. Que l'on compare des espèces contemporaines

des Visigoths d'Espagne, des Francs de la Gaule et des Longobards d'Italie, on verra que si elles dérivent toutes de la même imitation, chaque série y procède à sa manière, y a son style ou, si l'on aime mieux, sa barbarie propre.

La suite des monnaies mérovingiennes se distingue entre toutes les autres par la variété de ses types et par le petit nombre des pièces qui offrent des noms de rois. L'immense majorité des espèces y porte seulement un nom de lieu, souvent de localités dont le peu d'importance surprend, et un nom de monétaire, qui est dans bien des cas le même avec l'indication d'un grand nombre de lieux de la même région. Ceci tient à un système particulier d'organisation du monnayage, qui s'était établi dans le royaume des Francs.

« La fabrication des monnaies mérovingiennes, dit M. A. de Barthélemy, dont le système à ce sujet est le plus satisfaisant, se faisait ainsi. Lorsqu'il y avait un impôt à lever, le *domestique du palais* (principal officier de finances du fisc), accompagné d'un monnayer, parcourait les pays auxquels le tribut était imposé : ils percevaient en métal la valeur demandée ; puis, s'arrêtant lorsque leur collecte était assez considérable, le monnayer convertissait le métal en espèces dans la localité où il se trouvait, gravant sur le coin son nom et celui de la ville ou du village, lieu de sa résidence momentanée. Il ne faut pas oublier cependant que dans les grandes villes, dans les cités, il y avait très probablement des monnayers sédentaires qui frappaient soit pour le roi, soit pour les particuliers. S'il arrivait, par exemple, qu'une abbaye eût besoin d'argent, elle fournissait le métal au monnayer, qui inscrivait son nom, ainsi que celui du monastère avec le mot *Racio*. Dans les lieux qui formaient le domaine du roi, on mettait *Racio domini* ou *Racio fisci*.

« Suivant nous, il est évident qu'aucun dignitaire, aucune abbaye, aucune corporation n'eut le droit de frapper monnaie à l'époque mérovingienne; au roi seul appartenait ce privilège. Aucun texte ne vient nous contredire. Seulement le nombre très multiplié des monnayers devait rendre toute espèce de contrôle impossible. L'exercice du monnayage était tellement répandu qu'il ne pouvait guère y avoir lieu à l'usurpation du droit lui-même. Les monnayers étant des officiers publics, puisque leurs noms sur les monnaies en étaient la garantie véritable et la plus habituelle, ils les fabriquaient pour le roi, de même que les notaires ont fait des actes au nom du souverain. »

Un semblable système, dans un état social violent, barbare, désordonné, ou les liens de la centralisation du pouvoir étaient profondément relâchés, produisait en fait l'indépendance des monétaires. Non seulement un contrôle sérieux de leurs opérations était impossible et rien ne garantissait le fisc contre les fraudes que beaucoup d'entre eux devaient commettre à son égard, et cela sur la plus grande échelle, mais cet état de morcellement local de la fabrication des monnaies devait nécessairement se traduire à l'extérieur par un défaut d'uniformité dans leur aspect. De là, la variété des types des espèces mérovingiennes. Dans cette variété, qui semble au premier abord présenter une confusion inextricable, on doit distinguer les types généraux, qui sont les plus habituels et se retrouvent dans toutes les parties de la Gaule, et les types locaux, exclusivement propres à une certaine cité ou à une certaine région. Dans la première classe se placent les têtes, les dégénérescences de la Victoire des espèces impériales d'Anastase et de Justinien, la croix haussée sur des degrés, le monogramme cruciforme du Christ, dont l'altération successive finit par produire ce qu'on appelle la croix ancrée, c'est-à-dire une croix qui se termine au sommet par les deux branches d'une ancre.

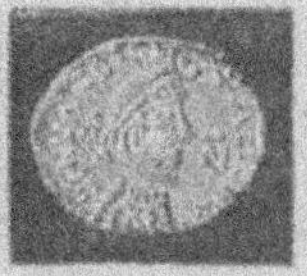

FIG. 93.
TRIENS MÉROVINGIEN A LA CROIX HAUSSÉE.

Certaines localités, sans sortir des types généraux, leur donnent une tournure assez particulière pour les rendre en réalité locaux. Tel est le cas de la tête et de la croix de Brioux ou de la croix de *Brioverum* (Saint-Lô). En bien des endroits, d'ailleurs, il se forme un style spécial et reconnaissable, qui caractérise les productions de telle ou telle cité, comme à Metz, à Limoges, à Blois, etc.

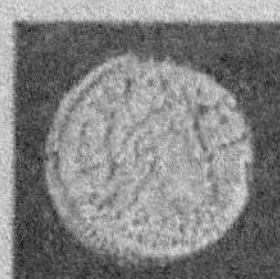

FIG. 94.
TRIENS MÉROVINGIEN A LA CROIX ANCRÉE.

Parmi les types locaux, on peut citer le calice du Gévaudan, l'ostensoir de Rouen, l'oiseau de Chartres et de Cahors, la biche de Rezé, que des circonstances inconnues ont fait imiter et dont il faut chercher

14

l'explication dans les légendes des saints ou les traditions spéciales à tel ou tel lieu. Qu'il s'agisse, d'ailleurs, de types généraux ou de types locaux, tous
procèdent d'imitation ; nulle part on ne rencontre un
effort de création originale. Les types généraux et une
partie des types locaux imitent ceux des dernières pièces
impériales qui aient été frappées dans le pays, quelquefois d'après les copies altérées qu'en avaient produit les
Visigoths ou les Ostrogoths, ou les types nouveaux
qui font leur apparition à Constantinople dans la seconde moitié du VIᵉ siècle sur des espèces qu'apportait
le commerce. Pour d'autres types locaux, les monnayers
ont cherché leurs modèles dans des monnaies plus
anciennes, surtout dans les petits bronzes de l'empereur
Tétricus, qui abondaient certainement encore à cette
époque et devaient y être demeurés dans la circulation. Ce genre d'imitations produit en particulier certains types que l'on doit qualifier d'accidentels, car
ils ne se présentent que sur une seule pièce, par suite
du caprice d'un monétaire qui s'est amusé à copier un
modèle ancien qui lui avait plu.

Les lignes essentielles de la chronologie des types mérovingiens, avec leur dégénérescence continue, peuvent
se résumer dans les dates suivantes, qui ont été for-
mulées pour la première fois d'une manière aussi précise par M. B. Fillon De 5oo à 56o on ne trouve que
l'imitation pure et simple, la copie très approchée des
monnaies d'Anastase et de Justinien. De 56o à 6oo, l'imitation de ces espèces, avec la Victoire sur le revers,
devient plus éloignée et plus barbare ; les pièces d'or
frappées momentanément à Marseille au nom de l'em-

pereur Maurice fournissent un nouveau type, qui se généralise rapidement. C'est aussi dans la même période que le monogramme du Christ fait son apparition et que débutent la plupart des types locaux; quelques-uns même ne se continuent pas plus tard. Le relief des types est encore très fort à cette époque, conformément aux traditions classiques. De 600 à 650, on voit quelquefois, par exemple, sur les plus fortes monnaies de Dagobert Ier, des têtes de

FIG. 95. — TRIENS DE L'EMPEREUR ANASTASE.
(Prototype d'une partie du monnayage mérovingien.)

face à cheveux longs et plats, semblables à celles qui sont gravées sur les sceaux du même temps et où l'on a évidemment cherché à rendre l'attribut caractéristique des rois chevelus; c'est la seule donnée originale du monnayage mérovingien. Les bustes de profil, beaucoup plus multipliés, surtout sur les pièces divisionnaires,

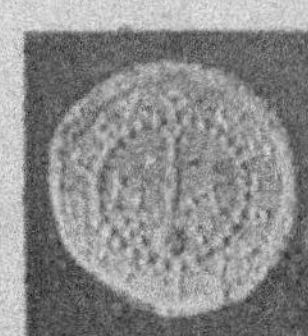

FIG. 96.
MONNAIE DU ROI CLOTAIRE AU TYPE DE MARSEILLE.

qui sont celles dont on fabriquait les plus grandes quantités, et qui procèdent de ceux des pièces impériales, sont notablement plus grossiers qu'à l'époque précédente; les draperies n'y sont plus indiquées que par des traits; cependant l'ensemble garde encore une sorte d'élégance barbare. Les types du revers sont presque exclusivement le monogramme cruciforme, qui se métamorphose alors graduellement en croix ancrée, puis la croix haussée, fichée, perlée, accostée, etc. Le

FIG. 97.
TRIENS MÉROVINGIEN
AU MONOGRAMME DU CHRIST.

relief des types sur la monnaie s'atténue très sensiblement. De 65o à 700, la croix ancrée domine; les bustes dégénèrent en informes figures que l'on a appelées mal à propos têtes chaperonnées, et sont chargés de colliers de perles. Enfin entre 700 et 75o la croix ancrée elle-même se déforme; des monogrammes remplacent les têtes, devenues tellement incorrectes qu'on a peine à en retrouver les traits essentiels. Les reliefs s'affaiblissent de plus en plus; les flans s'élargissent, deviennent plus minces et déjà surgit le type qui sera adopté par Pépin le Bref.

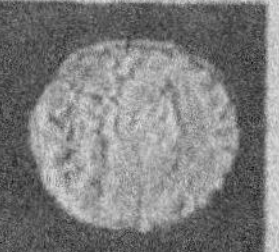
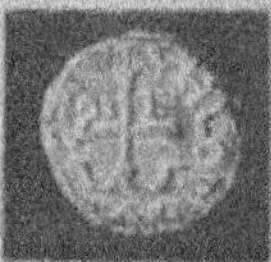

FIG. 98. — TRIENS MÉROVINGIEN
AU NOM DE SAINT ÉLOI
COMME MONÉTAIRE.

Les monnaies mérovingiennes étaient le sou d'or *(solidus)*, inférieur comme poids au solidus constantinien et divisé en moitiés *(semis)*, et en tiers *(triens)*, puis le denier d'argent ou saïga, dont il fallait 40 pour faire la valeur d'un sou. L'or, jusqu'à une époque assez tardive dans l'existence de la dynastie, a été presque exclusivement monnayé, et beaucoup plus sous la forme de triens que sous aucune autre. Quant aux monnaies de cuivre, il y a tout lieu de supposer que l'immense quantité de petits bronzes romains fabriqués dans tout l'empire, depuis le règne de Gallien, surtout ceux des empereurs des Gaules comme Posthume et Tetricus, fournit aux rois barbares une quantité assez considérable de menue monnaie pour qu'ils n'eussent pas besoin d'en fabriquer de nouvelles.

A l'avénement des Carlovingiens une véritable révolution s'accomplit dans le monnayage. Elle est à la fois économique et artistique, touchant à l'essence constitutive de la monnaie et à sa forme extérieure. L'argent, qui commençait à être employé, mais dans une mesure encore restreinte, sous les derniers règnes des Mérovingiens, remplace exclusivement l'or, qui ne paraît plus avoir servi qu'à frapper quelques pièces exceptionnelles et comme de fantaisie, dont l'émission fut en rapport avec une circonstance spéciale. Pépin et Charlemagne font disparaître les noms des monétaires et adoptent des types nouveaux, à la fois nationaux et chrétiens. Le flan des espèces s'amincit et s'élargit considérablement; la monnaie n'est plus en général et ne sera plus désormais pour un bon nombre de siècles qu'une mince plaquette de métal, sur laquelle les reliefs ont très peu de saillie. A l'ancien empire romain succède l'empire d'Occident, fondé par les rois francs, et le numéraire de ces souverains est imité partout, comme l'avait été celui des Césars romains.

« Quelques noms de personnages, dit M. A. de Bar-

thélemy, paraissent sur les deniers d'argent de Pépin et
de Charlemagne; des numismatistes pensent que ces
noms sont encore ceux de quelques monnayers, mais
nous croyons que l'on doit y voir plutôt le signe de la
puissance de quelques-uns de ces ducs ou comtes amo-
vibles qui, dès le règne de Charlemagne, affectaient,
comme Milon de Narbonne, de s'arroger des prérogatives souveraines.

« Depuis l'avènement de Pépin (752) jusqu'à l'avènement de Louis le Débonnaire (814), la monnaie de
l'empire d'Occident peut être considérée comme ayant
appartenu véritablement aux souverains; mais à dater
de cette dernière époque ce privilège fut divisé, au point
que, à mesure que l'on s'éloigne du ix* siècle, les ateliers royaux diminuent sensiblement, jusqu'à arriver à
n'être plus que restreints à un fort petit nombre.

« Les évêques et les monastères se faisaient con-
céder les ateliers établis dans leurs villes; les barons
s'en emparaient sans s'astreindre à le faire régulièrement. Les uns et les autres, pendant longtemps, n'en
continuèrent pas moins à frapper monnaie aux types
royaux. Les seigneurs ecclésiastiques se servirent du
type du temple, avec la légende XPISTIANA RELIGIO;
les seigneurs laïques copièrent principalement les monnaies portant les monogrammes des rois Charles le
Chauve et Eudes.

« Lors de la division de l'empire de Charlemagne
entre ses successeurs, les royaumes d'Aquitaine, de
Lotharingie, de Bourgogne, de Provence et d'Italie
eurent un monnayage particulier, né de celui du grand
empereur. Les monnaies des royaumes de Lotharingie,

de Provence, de Bourgogne et de l'empire d'Occident donnèrent naissance au monnayage allemand et italien; les monnaies du royaume d'Aquitaine furent l'origine de tous les ateliers du sud-ouest de la France.

« Les divisions se conservèrent longtemps, car aux xiie et xiiie siècles, quand il s'agit de former des corporations de monnayers pour assurer la bonne fabrication, on vit paraître des traces encore bien reconnaissables de ces origines du monnayage de l'Europe occidentale. Les rois de France qui prirent les premiers cette mesure dans leurs domaines eurent le *serment de France;* bientôt après, les provinces qui avaient fait partie des anciens royaumes de Bourgogne, de Provence et de Lotharingie eurent le *serment de l'Empire;* enfin les monnayers qui ouvraient dans les ateliers situés dans les régions qui avaient fait partie du royaume d'Aquitaine furent du *serment de Toulouse.* »

Les monnaies carlovingiennes offrent plusieurs types successifs, immobilisés ensuite dans certaines localités et copiés pendant plusieurs siècles, dont il est bon de déterminer les dates.

Pépin écrit son nom en deux lignes sur un des côtés de la pièce ou l'y marque par deux grandes initiales, tandis que l'autre côté porte en une ou deux lignes horizontales le nom du lieu de fabrication. Charlemagne, après avoir suivi l'exemple de son père, adopta sur quelques pièces un monogramme des lettres de son nom disposé en forme de croix, tel qu'on avait l'habitude de l'employer pour les signatures officielles. Une fois empereur, il plaça, suivant l'antique usage impérial, sur les monnaies une tête qui consacrait la reprise du droit d'effigie.

Mais ces têtes des pièces carlovingiennes ne furent, à l'instar de celles des triens mérovingiens, que des imitations d'anciennes médailles; il n'y a pas à y chercher la ressemblance des souverains. Les sceaux, en particulier celui de Charlemagne lui-même, donnent une idée très juste de ce

FIG. 99. — MONNAIE D'ARGENT DE PÉPIN LE BREF.

qu'était le sentiment d'art de l'époque. Les graveurs y enchâssaient des pierres antiques dans un cercle d'or destiné à recevoir l'inscription sacramentelle, comme les architectes encastraient dans les façades de leurs édifices des fragments de sculptures romaines. S'agissait-il des coins des monnaies, il n'y avait plus moyen d'éluder la difficulté, et le graveur était

FIG. 100.
MONNAIE DE CHARLEMAGNE À TÊTE IMPÉRIALE.

forcé de buriner les têtes. Il copiait trait pour trait celles qui lui tombaient sous la main, n'osant se hasarder à créer une nouvelle figure, opération qui eût exigé des notions hors de sa portée et eût demandé une science pratique inconnue des hommes du IXᵉ siècle.

impuissants à produire le beau, mais assez heureuse-
ment doués pour le comprendre. Ce désir du beau,
cette impuissance à le rendre, est l'image de l'empire de
Charlemagne, calqué sur celui de Rome. Son esprit
avait eu l'intuition
d'un monde autre-
ment grandiose que
celui qui l'environ-
nait. C'est ce que
nous montrent ses
tentatives contre la
barbarie, ses guer-
res qui eurent pour
but d'empêcher de
nouvelles invasions, ses efforts pour relever la culture
des sciences et des lettres, ses lois que l'on croirait

FIG. 101.

MONNAIE D'OR DE LOUIS LE DÉBONNAIRE
A TÊTE IMPÉRIALE.

d'un autre temps.
Mais son robuste
génie avait mar-
ché si vite que per-
sonne n'avait pu
le suivre, et, lui
mort, les ténèbres
enveloppèrent de
nouveau les pays
qu'il avait réunis
sous son sceptre.

FIG. 102.

MONNAIE DE LOUIS II, AU MONOGRAMME
CAROLIN.

Louis le Débonnaire, après quelques années de
règne, remplaça la tête impériale par un nouveau type
qui consistait à graver le nom du souverain autour
d'une croix et au revers celui de l'atelier monétaire en

deux lignes. Après l'édit de Pistes, rendu par Charles
le Chauve en 864, la monnaie présenta sur une face le
monogramme cruciforme du nom royal et autour la
légende *Dei gratia rex*, sur l'autre le nom de l'atelier
autour d'une croix. Cette dernière modification fut continuée par les successeurs de Charles et imitée dans
tous les ateliers établis par les prélats, les abbés et les
barons. Elle donna naissance à une foule de types qui
subsistèrent jusqu'au XIVe siècle.

En effet, les descendants de Charlemagne n'ayant
pas su conserver l'unité de l'empire, chacune de ses
fractions tomba au pouvoir de grands feudataires dont
l'un des premiers soins fut de s'arroger le droit de frapper monnaie qui, jusque-là, n'avait été concédé régulièrement qu'au clergé. Ces grands feudataires furent
imités ensuite par quelques-uns de leurs vassaux, et
l'avènement de Hugues Capet ne fit qu'augmenter et en
quelque sorte autoriser cet état de choses. En effet,
Hugues Capet, élu roi par ses pairs, ne pouvait, lui
régnant seulement dans le duché de France, s'opposer
à ce que ceux qui l'avaient élu, et qui, eux aussi,
étaient indépendants chez eux, usassent de tous les
privilèges inhérents à la souveraineté. En droit légal,
les monnaies des rois de France, depuis Hugues
Capet jusqu'à Philippe-Auguste, ne se distinguent par
rien des autres monnaies féodales contemporaines ; elles
ont le même caractère. Leur circulation privilégiée était
restreinte au domaine royal direct et ne s'étendait pas à
ceux des feudataires, à tout le royaume. Ce n'est qu'à
dater de Philippe-Auguste qu'on voit les premiers

efforts des rois pour centraliser le monnayage, à mesure qu'ils étendaient les limites territoriales où s'exerçait leur autorité effective et directe.

La numismatique féodale, malgré la multiplicité extrême de ses sources et de ses ateliers, offre une très sensible uniformité dans son aspect général et dans ses types. En effet, partout elle procède d'une imitation dégénérée des monnaies carlovingiennes, particulièrement des pièces postérieures à l'édit de Pistes, après lequel la composition essentielle des deux faces des espèces n'a plus varié. Toujours un des côtés de la monnaie présente la croix entourée de la légende indiquant le nom de l'atelier. Sur les pièces des barons, l'autre côté présente généralement, entouré du nom du seigneur qui a émis la monnaie, l'imitation plus ou moins éloignée de son prototype, plus ou moins dégénérée, d'un ancien monogramme royal, de celui du prince qui était sur le trône au moment où l'atelier prit une existence indépendante, ou tel ou tel feudataire usurpa le droit de monnayage. Quelquefois l'altération est des plus singulières et arrive à produire une sorte de figure conventionnelle, dont on a peine au premier moment, et si l'on ne suit pas toutes les étapes de la déformation, à comprendre l'origine. Tel est le cas du *peigne* des monnaies des comtes de Champagne, qui provient d'une corruption successive du monogramme du roi Eudes sous le burin de graveurs qui en avaient oublié la signification originaire. Ce qu'on appelle le *type chartrain*, usité dans tous les ateliers de la région autour de Chartres et de Blois, n'offre pas un exemple moins frappant du point où arrive certaines fois cette

DEUXIÈME PARTIE. — LES TEMPS MODERNES. 219

dégénérescence des types qui est la loi fondamentale ressortant de l'étude des monnaies féodales. En le prenant tel qu'il se présente définitivement établi à une certaine époque, il montre une figure absolument énigmatique et inexplicable. Mais en remontant les phases successives de sa formation jusqu'au point de départ, on arrive à constater que celui-ci n'est pas autre

FIG. 103. — MONNAIE DE BLOIS,
AU TYPE CHARTRAIN.

chose que la tête des monnaies carlovingiennes de Tours, qui petit à petit s'est tellement altérée que les monnayers n'ont plus cherché à y faire retrouver les traits constitutifs de la figure humaine et en ont fait un dessin bizarre, lequel ne représente plus rien de connu.

FIG. 104.
MONNAIE DE CHATEAUDUN
AU TYPE CHARTRAIN.

La plupart des monnaies épiscopales procèdent de l'imitation du type de Charlemagne et de Louis le Débonnaire, présentant, du côté opposé à celui de la croix, l'image de la façade d'un temple avec la légende XPIS-

TIANA RELIGIO, type d'origine italienne. Le grand
nombre d'églises que l'on sait avoir obtenu de très
bonne heure des concessions monétaires des Carlovingiens et le peu de monnaies avec les noms de leurs
évêques ou de leurs abbés qui sont parvenues jusqu'à
nous et qui remontent à cette époque donnent à penser
que la plupart des prélats, voulant à la fois jouir des
prérogatives que la munificence royale leur accordait et
se servir d'un
type religieux,
adoptèrent ce-
lui-ci, que
Louis le Dé-
bonnaire tenait
de son père et
qu'il avait com-
mencé à na-
turaliser en

FIG. 105.
MONNAIE AU TYPE DU TEMPLE.

Gaule. Le type adopté, il arriva deux choses. Les évêques les plus à portée de se soustraire au contrôle des
missi dominici et des comtes, et qui avaient obtenu la
plénitude des bénéfices du droit de monnayage, continuèrent à se servir du nom de Louis le Débonnaire,
dont l'immobilisation était un premier acheminement
vers une indépendance complète. Ceux qui étaient dans
le cercle d'action du monarque, ou qui étaient moins
favorisés, eurent soin de changer le nom à chaque muta-
tion de règne. Quand la décomposition féodale de la
monarchie arriva au point où les évêques purent,
comme les barons, usurper la complète indépendance
de leur monnayage et le faire à leur propre nom, ce

nom prit naturellement la place de celui du roi, les types dont on avait pris l'habitude depuis longtemps restant les mêmes. Le temple est demeuré sur la plupart des monnaies d'évêques jusqu'à la fin du monnayage féodal. Dans quelques villes cependant on y substitua une dextre bénissante, une crosse, ou bien même un buste plus ou moins grossier avec la mitre et la crosse.

Le *châtel* à fronton, flanqué de deux tours, est encore un type qui tire ses origines de certaines pièces du monnayage carlovingien. Ce type, placé sur la face opposée à celle qui porte la croix, est peut-être celui qui a eu, surtout après le xie siècle, la plus brillante fortune, qui s'est le plus généralisé. Les abbés de Saint-Martin de Tours, dont le titre passa ensuite au roi de France, l'avaient adopté. Comme la monnaie de Tours était une de celles que l'on frappait le plus abondamment et dont la qualité était la meilleure, au double point de vue de l'exactitude du poids et de la finesse du titre, elle acquit rapidement une circulation universelle et devint un type que ne copièrent pas seulement un grand nombre de barons français, mais dont l'imitation se répandit dans toute l'Europe et même jusqu'en Palestine, dans les principautés des Croisés.

Avec l'adoption des types des espèces de Saint-Martin de Tours coïncida celle de leur système de poids et de taille, qui est celui de la monnaie *tournois*. C'est le plus ancien des systèmes régulateurs du monnayage féodal de la période des Capétiens. Les rois de France, qui n'avaient d'abord d'autre atelier que celui de Paris, établirent de leur côté et un peu plus tard la monnaie *parisis*, qui ne semble apparaître que sous le règne de Philippe Ier. Tant que le monnayage royal ne fut exercé que dans un ou deux ateliers, les pièces qu'il produisait ne pouvaient servir de types régulateurs. Mais quand les rois multiplièrent leurs monnoieries et qu'ils soumirent les nouveaux ateliers aux mêmes règles qui régissaient celui de Paris, il y eut un système *parisis*, qui fut aussi largement imité. Comme les rois de France avaient alors l'atelier de Tours en même temps que celui de Paris, ils émirent simultanément de la monnaie tournois et de la monnaie parisis. Les parisis valaient un quart

FIG. 106. — MONNAIE ROYALE
AU TYPE TOURNOIS.

en sus des tournois, de telle sorte que 15 deniers tournois faisaient 12 deniers ou un sou parisis. Les deux systèmes s'harmonisaient donc et pouvaient circuler concurremment sur les mêmes marchés.

L'Italie, l'Espagne, l'Allemagne, les Pays-Bas et la Suisse puisent, comme la France, l'origine de leur monnayage médiéval dans celui de l'empire carlovingien. Leurs espèces sont des imitations et des dégénérescences des mêmes prototypes. Chez les Anglo-Saxons, les premières monnaies sont celles du royaume de Kent, petites pièces muettes en argent ayant une certaine parenté avec les saïgas du temps des derniers Mérovingiens, qui ne présentent que des croix, des serpents, des perles,

quelques lettres isolées et des caractères runiques. Les rois
de Mercie inventèrent un peu plus tard d'autres types,
qui furent imités dans toute l'Heptarchie et par la plupart des nations de l'Europe septentrionale, en rapports
de commerce ou d'origine avec les Anglo-Saxons de
l'île de Bretagne. Ces types se composaient d'un profil
royal tout conventionnel, des noms du roi ou des monnayers écrits dans le champ du revers et de croix de
formes particu-
lières, qui ne se
reproduisent sur
les monnaies du
continent que par
suite d'imitation.
Malgré ce que
leur physionomie
a d'original, on
doit y relever une

FIG. 107.
MONNAIE ANGLO-SAXONNE.

part prépondérante d'influence des monnaies d'or mérovingiennes, s'appliquant en Angleterre à un autre métal.

A la période pleinement médiévale et féodale, les
royaumes du Nord, tels que l'Angleterre conquise par
les Normands, la Suède et le Danemark, se compo-
sèrent un monnayage particulier, dans lequel on discerne clairement l'imitation du système anglo-saxon,
modifié dans une certaine mesure par des influences du
grand monnayage carlovingien. Les nations de l'Europe
orientale subirent l'influence anglo-saxonne et allemande, combinée avec celle de Byzance, à mesure que
le christianisme leur apportait la civilisation occidentale.

Le xiii° siècle marque une époque décisive dans l'histoire de l'art monétaire, qui seulement alors mérite ce nom d'art et partout en Europe manifeste une brillante renaissance, excepté dans l'Allemagne dont les bractéates sont alors généralement d'une barbarie rebutante. On sort de l'ornière de l'imitation presque immobile où l'on s'est traîné jusqu'alors, et tout en tenant compte des traditions acquises, on crée des types

FIG. 108. — BRACTÉATE ALLEMANDE.

nouveaux où l'imitation de la nature commence à retrouver sa part dans la représentation de la figure humaine ou dans celle d'autres êtres animés, types qui cette fois redeviennent dignes de l'état d'avancement auquel, dans leurs autres branches, en étaient arrivés les arts du dessin. Ces types nouveaux plaisent au public, obtiennent un prodigieux succès et deviennent bientôt le point de départ de nouvelles imitations, car ce procédé servile a toujours tenu une grande place dans le monnayage, ainsi que je l'ai montré plus haut pour l'antiquité.

Vers 1203, Venise, sous l'influence de l'art byzantin, alors encore toute-puissante chez elle, crée le type qui représente son doge recevant l'étendard des mains de saint Marc, patron de la cité. En 1252, Florence émet pour la première fois son *florin* d'or, copié pendant trois siècles dans un nombre si considérable de pays de l'Europe,

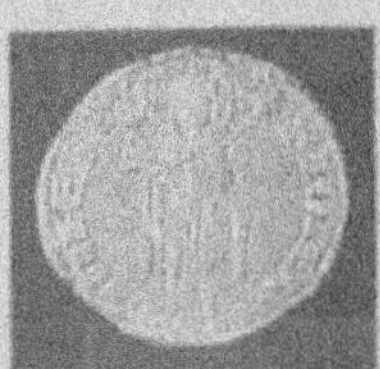

FIG. 109. — SEQUIN DE VENISE.

avec d'un côté la grande fleur de lis du blason de la cité, à laquelle la pièce doit son nom, et de l'autre l'image en pied du patron, saint Jean-Baptiste, traitée dans un style fort remarquable. Je laisse actuellement de côté pour y revenir au chapitre suivant, car elles sortent trop des données habituelles du monnayage contemporain, les admirables imitations des *aurei* des empereurs romains,

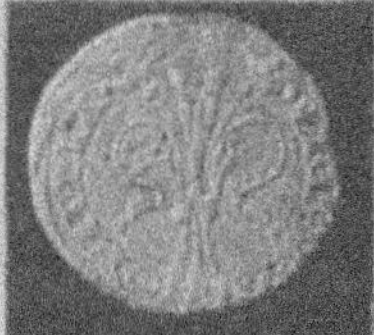

FIG. 110. — FLORIN DE FLORENCE.

que Frédéric II fait fabriquer sous le nom d'*augustalex* dans son royaume sicilien, et dont les coins ont été gravés par des artistes d'Amalfi. En Angleterre, Édouard Ier, à la fin du même siècle, adopte le type des *esterlings* d'argent, qui furent copiés sur le con-

tinent par d'assez nombreux barons. Ils se distinguent
par une tête de face couronnée, avec deux épaisses touffes
de cheveux à droite et à gauche ; au revers on voit une
croix, traversant la légende et accompagnée le plus souvent dans ses cantons de douze besants rangés trois par
trois.

En France, c'est saint Louis qui fut le réformateur
de la monnaie au double point de vue de ses qualités
intrinsèques et de
son style d'art. Il
ordonna que les
espèces royales
fussent partout re-
çues, défendit aux
barons de contre-
faire leurs types
et enjoignit à ceux

FIG. 111. — ESTERLING D'ÉDOUARD Ier.

qui ne jouissaient pas du privilège de battre monnaie
de ne se servir que de la sienne. Il voulut en même
temps qu'une bonne foi absolue présidât à la fabrication du numéraire. Il créa des sous d'argent pur de
12 deniers, qu'il nomma *gros tournois* ou *gros blancs*,
par opposition aux deniers de billon, appelés *noirs
tournois*, et restaura la monnaie d'or, disparue de France
depuis la chute des Mérovingiens.

Le style des nouvelles pièces de ce grand et saint
monarque est des plus remarquables, à la fois simple
et grandiose. Avec celles de Philippe le Hardi, elles
sont les chefs-d'œuvre des suites monétaires du moyen
âge. Les types des *moutons*, des *écus*, des *masses* et des
royaux d'or sont empruntés aux images des sceaux,

dont l'art s'était développé considérablement, tandis que celui des monnaies restait stationnaire. A dater de cette époque, il s'établit pour un certain temps une corrélation intime entre les monnaies et les sceaux, deux classes de monuments sortis le plus souvent du burin des mêmes artistes, destinées l'une et l'autre à la manifestation de l'autorité, corrélation qui soumet les empreintes de métal à celles de cire. Quant aux légendes, elles sont une émanation des sentiments d'ardente piété de Louis IX. C'est une prière qui s'élève vers le ciel. Le travail des pièces de Phi-

FIG. 112. — ROYAL D'OR DE SAINT LOUIS.

lippe le Bel est moins simple et moins pur que celui des monnaies de ses deux prédécesseurs ; les ornements nuisent déjà à l'originalité des lignes et menacent d'éclipser les figures.

Louis X enjoignit de fabriquer les espèces conformément aux prescriptions de saint Louis. Par ses ordonnances il réglementa le monnayage baronal de telle façon que presque tous les petits seigneurs renoncèrent à l'exercice d'un droit qui devenait plus onéreux que profitable. Seuls les grands vassaux continuèrent à battre monnaie, parce qu'ils étaient assez forts pour braver les prescriptions royales et n'en pas tenir compte. Philippe de Valois, parvenu au trône, voulut écraser ses anciens égaux par son luxe de fraîche date. Versant pleinement dans l'ornière du goût de son temps, il fit ses monnaies d'or plus riches et plus fastueuses que réellement belles. Leurs types sont presque tous allusifs aux luttes du roi contre ses ennemis, les Anglais et les partisans qu'ils comptaient dans l'aristocratie. Tantôt l'archange saint Michel, protecteur de la France, y foule aux pieds la personnification de l'esprit de révolte ; tantôt saint Georges y perce le monstre de sa

FIG. 113. — ROYAL D'OR DU ROI JEAN.

lance. Ailleurs le lion anglais vaincu est couché aux pieds du roi, ou la couronne brille au milieu du champ parsemé de fleurs de lis. La plupart de ces types disparurent après la fin du règne.

Édouard III d'Angleterre et le prince Noir frappèrent, en qualité de ducs d'Aquitaine, des monnaies d'or, qui furent les premières pièces de ce métal que les grands vassaux osèrent émettre. Charles de Blois et Jean de Montfort copièrent celles du roi Jean. Ce dernier modifia le dessin du *royal* et augmenta la liste des emprunts faits aux représentations des sceaux, en ordonnant de fabriquer le *franc à cheval*, pièce d'or où le roi est figuré chevauchant en tenue de bataille. Les types de ses monnaies d'argent et de billon sont extrêmement variés. Mais leur belle apparence dissimule mal la mauvaise qualité de leur titre; car, à aucune époque, la falsification des espèces par l'autorité publique ne fut aussi éhontée, ni organisée aussi impudemment en système. A la faveur des désastres qui

FIG. 114. — FRANC A CHEVAL DU ROI JEAN.

accablaient le pays, les grands vassaux se faisaient un jeu de contrefaire les monnaies royales et en exagéraient encore la déplorable qualité.

Charles V améliora le titre des espèces, simplifia les types et les dégagea de la masse d'ornements que la mode avait introduits. En général, les objets d'art de la fin du xiv siècle, de quelque nature qu'ils soient, accusent tous la même propension à faire perdre aux accessoires la place qu'ils avaient usurpée et à rendre aux figures leur véritable importance. « Les chefs des factions qui se disputèrent la direction des affaires sous

Charles VI, dit M. B. Fillon, s'enrichirent ouvertement au moyen de vols et d'exactions à peine déguisés; et, pour combler la mesure des outrages faits à la royauté, l'image du misérable et triste fantôme derrière lequel s'abritaient les auteurs de ces infamies commença à être chassée du champ des monnaies d'or et remplacée par les armes de France sur les *heaumes*, les *demi-heaumes*, les *saluts* et les *écus à la couronne*.

FIG. 115. — ÉCU A LA COURONNE DE LOUIS XI.

Charles VI mort, Henri VI, roi d'Angleterre, maître d'une grande partie du royaume, fit acte de souveraineté et émit des espèces dont les empreintes constatèrent la honte de la patrie : on y vit le monstrueux accouplement des fleurs de lis et des léopards. L'expulsion des Anglais permit à Charles VII de hausser le titre des monnaies ; mais ce fut Louis XI qui paracheva leur réglement. Depuis saint Louis, les espèces n'avaient pas été constamment maintenues à un aussi bon aloi, et aucun prince n'avait encore perçu un droit aussi minime sur leur fabrication. On a reproché à ses pièces

l'extrême simplicité de leur dessin. La critique n'est
pas fondée; il se conformait en ceci aux essais des règnes précédents et rendait indirectement un service à
l'art, puisqu'il purgeait le champ des monnaies de
types usés et le livrait vierge aux *tailleurs* de la nouvelle école. »

« Pendant la période mérovingienne l'ancienne organisation monétaire avait subi de grandes modifications; en ce qui concernait les personnes chargées de
la fabrication, les ouvriers employés à ce travail, qui
jusque-là avaient été de condition servile, mais qui,
sous le Bas-Empire, avaient commencé à monter déjà
quelques degrés dans l'échelle sociale, étaient arrivés à
se rendre indépendants. En l'absence du nom impérial,
et lorsque le roi barbare ne gravait pas le sien, les
monnayers signaient les monnaies. Cette coutume, qui
avait pris naissance particulièrement dans les Gaules,
fut imitée par les Anglo-Saxons, qui la conservèrent
longtemps après qu'elle eut cessé en France. Sous les
Carlovingiens, les monnayers ne signèrent plus les
monnaies; mais ils formèrent une corporation d'officiers subalternes qui suivaient partout le roi. A la fin du
xii⁰ siècle, le roi de France, qui voulait alors réformer
les monnaies, réunit les monnayers qui ouvraient dans
le domaine royal en une corporation, à laquelle il con-
céda des priviléges importants et qui fut désignée sous
le nom de Serment de France. Bientôt cet exemple fut
suivi par les barons, ainsi que par les souverains voisins. On vit paraître le Serment de l'Empire, qui com-
prenait les monnayers appartenant aux ateliers établis

dans l'ancien royaume de Bourgogne, tombé au pouvoir de l'empereur d'Allemagne; on vit aussi le Serment de Toulouse, dans lequel figuraient les monnayers de l'ancien royaume d'Aquitaine. Le roi d'Angleterre imita presque immédiatement Philippe-Auguste, et presque tous les barons et prélats qui avaient le droit de frapper monnaie s'empressèrent de donner à leurs monnayeurs des priviléges et des libertés plus ou moins étendus. On comprend, en effet, que s'ils avaient agi autrement, leurs ateliers auraient été bientôt abandonnés pour ceux où les ouvriers auraient été plus favorablement traités.

« Les priviléges des monnayers consistaient principalement dans la juridiction particulière qui leur permettait de se juger entre eux, excepté dans les cas de rapt, de meurtre et de larcin; dans l'exemption de toute espèce d'impôts, dans l'exemption des charges publiques et du service militaire, enfin dans l'hérédité de leur profession. Ces priviléges existaient encore lorsque la révolution de 1789 vint les abolir.

« A dater du XIIIᵉ siècle, des textes font connaître les généraux-maîtres qui avaient la haute surveillance de l'administration des monnaies. Ces fonctionnaires, qui étaient souverains juges de tout le personnel des monnaies, à dater du règne de Philippe le Bel, exerçaient leur contrôle même dans les ateliers des prélats et des barons. Ils devaient visiter les ateliers du roi au moins deux fois par an; leurs inspections se faisaient inopinément, et ils pouvaient suspendre les officiers qu'ils trouvaient en faute. Leur juridiction s'étendait sur les changeurs, les orfèvres, les merciers, les tabletiers et les affineurs.

« Ces fonctionnaires qui, dès 1322, prenaient quelquefois la qualification de présidents, étaient, dans le principe, au nombre de quatre et faisaient partie de la Chambre des comptes et des trésoriers du roi. En 1358, pendant la régence du Dauphin, ils furent appelés à former la Chambre des monnaies, distincte de la Chambre des comptes. Leur nombre dès lors varia; il fut porté jusqu'à onze[1]. »

Pendant toute la durée du moyen âge, on continua à faire usage, pour la fabrication des monnaies, des mêmes procédés que dans l'antiquité, sans aucun perfectionnement mécanique. Des sculptures représentent les ouvriers frappant au marteau, et si l'on n'avait pas ce témoignage, les pièces elles-mêmes, par leur apparence, accuseraient ce mode de fabrication.

« Les procédés matériels employés par les monnayers du moyen âge, dit M. B. Fillon, étaient extrêmement simples. Un denier de Louis le Débonnaire, frappé à Melle, en donne une idée exacte. Les coins étaient des morceaux de fer poli, dont la surface avait été égalisée à la lime (ce qui explique les raies transversales du champ de quelques pièces carlovingiennes), sur lesquels les lettres étaient enfoncées à l'aide d'un petit nombre de caractères très simples, qui variaient suivant l'époque et les exigences graphiques. Le burin rectifiait les imperfections de ce travail expéditif, et la trempe durcissait ensuite les coins. L'emploi du procédé que j'indique avait pour effet d'occasionner aux arêtes des lettres une espèce de renflement causé par

1. A. de Barthélemy.

l'écartement du métal. Ce renflement est visible sur
beaucoup de monnaies. Les grénetis s'obtenaient de
trois manières : soit à l'aide d'une pointe, soit avec un
poinçon ou lentille, soit encore par l'emploi d'un burin
façonné de manière à produire des entailles cunéiformes
ou semi-circulaires. Le cercle que l'on remarque quelquefois, et qui donne au grénetis l'aspect d'un chape-
let, vient de ce que
l'artiste traçait d'a-
bord au compas un
rond sur le coin,
afin de suivre plus
régulièrement le
contour. Le centre
où reposait l'une
des branches du
compas était sou-

FIG. 116.
DENIER DE LOUIS LE DÉBONNAIRE,
FRAPPÉ A MELLE.

vent marqué d'un petit trou, qui produisait sur les
pièces un point de relief. »

Jusqu'au règne de Henri II en France, et un peu
plus tard dans les autres pays, toutes les monnaies ont
été frappées au marteau. Dans les derniers temps de ce
système, voici comme on procédait. Après avoir formé
des lames de métal, on les étendait sur une enclume,
ce qui s'appelait *battre la chaude*; ensuite on les cou-
pait en morceaux de poids régulier, opération désignée
par le terme de *couper carreaux*. Les carreaux, recuits
et étendus au moyen du marteau nommé *flatoir*,
étaient arrondis et blanchis, puis livrés pour être monnayés. Cette dernière opération s'accomplissait de la
manière suivante. On avait deux poinçons ou coins,

l'un, *la pile*, portant le revers de la pièce; et l'autre, le *trousseau*, représentant le droit. La pile, qui avait huit pouces de hauteur, était pourvue d'une espèce de talon au milieu, et finissait en pointe; cette pointe s'adaptait dans un billot ou *cépeau*. Le monnayer, ayant mis le flan horizontalement sur la pile, la couvrait du trousseau qu'il tenait de la main gauche, et frappait dessus avec un marteau jusqu'à ce qu'il eût obtenu la double empreinte bien marquée. Lorsque l'on n'avait pas obtenu un résultat satisfaisant, on *rengrévait* le flan, c'est-à-dire que l'on recommençait l'opération.

CHAPITRE II

Malgré les progrès énormes réalisés par l'art des graveurs, les monnaies dans toute l'Europe, au commencement du xv⁰ siècle, restaient conformes à la donnée essentielle qui s'était établie dans la période carlovingienne. C'étaient toujours de minces et larges plaquettes de métal, dépourvues d'épaisseur, sur les deux faces desquelles étaient imprimés des reliefs sans saillie, sans différence de plans, sans possibilité de modelé, d'un travail forcément maigre et sec dès qu'on voulait y introduire des détails. Les types avaient pu s'enrichir, et même dans cette voie dépasser toute mesure par la profusion des ornements accessoires, ils restaient conventionnels et sans vie. Ils imitaient ceux des sceaux avec moins de perfection dans l'exécution, car la nature même de l'empreinte qui devait être frappée sur le métal ne permettait pas d'en faire un bas-relief modelé de la même manière que celui qu'on pouvait exécuter en creux sur la matrice destinée à donner une empreinte en cire. Le graveur, ou, comme on disait alors, le *tailleur* de monnaies devait se borner à produire une sorte de dessin linéaire, dont tous les traits devaient venir en relief avec la même saillie, à bien peu de chose près.

Personne n'avait encore eu l'idée de reprendre les traditions de l'art monétaire antique, ni dans la forme des espèces ni dans l'esprit, le style et le dessin de leurs types. Du moins la seule tentative qui eût été faite dans ce genre au XIIIe siècle était demeurée isolée et n'avait pas eu de continuateurs. C'est en imitant à tous les points de vue les *aurei* des anciens empereurs romains que Frédéric II avait fait exécuter ses belles *augustales* d'or,

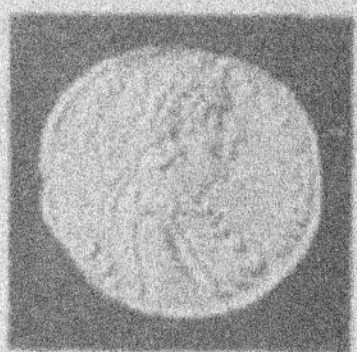

FIG. 117.
AUGUSTALE D'OR DE FRÉDÉRIC II.

qui tranchent d'une façon si remarquable sur tous les produits du monnayage contemporain dans les autres pays. Les graveurs anonymes d'Amalfi qui en ont fait les coins ont été les vrais précurseurs des grands médailleurs italiens du XVe siècle. Ils cherchaient déjà à ramener le type monétaire aux conditions de modelé du bas-relief et à lui donner les mêmes ressources d'expression. Ils avaient emprunté aux modèles antiques, dont ils se rapprochaient le plus qu'ils pouvaient, la sobriété et le sentiment de la grandeur du style. Enfin, dans le buste placé sur un des côtés de ces monnaies exceptionnelles, il y a certainement une tentative, encore imparfaitement réussie, de produire ce à quoi l'on avait renoncé depuis bien des siècles, faute d'en être capable, une effigie ayant un certain caractère d'individualité, un portrait plus ou moins appproché de l'original. Nul doute que si l'on avait continué à marcher dans cette voie, on eût bientôt fait revivre les traditions de l'antiquité et atteint un haut degré de perfection. Mais dans la gravure en monnaies il en fut, comme dans toutes les autres branches des arts, du mouvement incontestable, mais prématuré, de renaissance dont l'aurore s'était manifestée dans le midi de l'Italie sous les auspices de Frédéric, ce prince à l'esprit trop en avant de son siècle pour pouvoir y être compris et y réussir. La catastrophe qui mit fin si tragiquement à la maison de Hohenstaufen étouffa toutes les espérances encore dans leur germe que donnait ce mouvement. La victoire de Charles d'Anjou retarda la Renaissance de plus d'un siècle. Mais ce retard la rendit peut-être plus féconde, en la faisant venir plus à son heure, dans un milieu mieux préparé et mûri à point.

Au début du xv° siècle, tout appelait une rénovation radicale de l'art monétaire. Celui du moyen âge, qui, malgré ses défauts et les conditions beaucoup trop imparfaites où il emprisonnait le graveur, avait produit des œuvres remarquables dans la seconde moitié du xiii° siècle et au commencement du xiv°, était usé, fini, tombé en décadence. Il avait perdu tout sentiment de la noblesse et de la grandeur; il était retombé dans la banalité et dans l'imitation inintelligente. Le souffle qui l'avait un moment animé s'était éteint. Les graveurs n'avaient plus d'invention, plus même d'ambition ni d'audace. Ils revenaient à ne plus mettre sur leurs coins que des ornements, des emblèmes inanimés, des armoiries, et semblaient renoncer à y placer la figure humaine, trop difficile à reproduire.

C'est de la Toscane que sortit la rénovation de la gravure monétaire, issue des deux facteurs essentiels de la Renaissance, l'inspiration des œuvres antiques, étudiées avec passion, et le retour à une imitation à la fois naïve et savante, mais surtout directe et consciencieuse de la nature. Elle fut d'abord indépendante de la fabrication des monnaies, qui n'en ressentit les effets qu'un peu plus tard, et elle se lia d'une manière intime à la création d'une chose nouvelle, la médaille proprement dite, destinée à être un objet d'art ayant sa destination propre de commémorer des personnages ou des événements, existant par elle-même et absolument distincte des espèces de circulation, conçue dans d'autres données de proportion, de composition et de relief des types. La médaille proprement dite, créée dans ces conditions particulières, nous l'avons montré plus haut, était restée absolument inconnue des Grecs; les médaillons romains avaient été quelque chose d'analogue, mais leur grosseur seule les distinguait des monnaies courantes. Ils n'avaient pas constitué une forme spéciale de l'art, régie par des règles à part, et surtout on ne peut rien relever qui donne aux médaillons une primauté sur les monnaies. Chez les modernes, au contraire, par suite des traditions qui ont pris naissance dans l'Italie du xvᵉ siècle, la médaille est quelque chose de tout à fait à part et de beaucoup la plus haute ex-

pression de l'art numismatique. C'est là seulement que
les plus grands graveurs ont donné toute la mesure de
leur talent. Les monnaies, où on leur a presque toujours imposé un programme restreint, stérile et ingrat,
ont été plus négligées par eux; ils n'y ont pas trouvé
les mêmes ressources. Aussi les monnaies ont bien
suivi les médailles dans les diverses phases de progrès et
de décadence de l'art, mais ça a été toujours, comme dit le
poëte latin, *non passibus æquis*. A toutes les époques,
depuis le xv° siècle, elles sont restées dans une infériorité sensible. D'où résulte que si l'art des temps modernes compte certaines médailles qu'il peut hardiment
opposer aux œuvres grandioses et parfaites de l'antiquité,
pas une seule monnaie n'est dans ce cas.

Notons encore, comme une circonstance très digne
de remarque, que la renaissance de l'art monétaire a été
l'œuvre d'un peintre, que, par conséquent, elle a été
enfantée par les progrès de la peinture, indépendamment de ceux de la sculpture, de telle façon que sous
certains rapports elle les a précédés et a influé sur eux,
au lieu d'en être influée, comme on le croirait d'abord.
Ainsi les médailles iconiques, genre dans lequel le
xv° siècle italien a produit de si incomparables merveilles, ont apparu avant les bustes-portraits et leur ont
fourni des inspirations, des modèles.

C'est, en effet, à la date de 1439 au plus tard qu'il
faut placer l'exécution de la plus ancienne médaille des
temps modernes connue, celle qui représente Jean Paléo-
logue, l'avant-dernier empereur grec de Constantinople,
médaillon de très grand module. Ce souverain était
venu de sa personne en Italie pour assister au concile

16

œcuménique, tenu successivement à Ferrare et à Florence, de 1437 à 1439, où devait se traiter l'union des deux Églises grecque et latine. En 1440, il était rentré dans sa capitale des rives du Bosphore. Naturellement, c'est pendant la durée du concile qu'il faut placer l'exécution de la médaille qui conserve pour la postérité les traits de cet empereur et sa bizarre coiffure, donnés également à la même date par Piero della Francesca au personnage de Constantin, dans ses curieuses fresques d'Arezzo. La médaille est signée dans le champ du revers, en haut, OPVS PISANI PICTORIS, et pour plus de précautions, pour se faire mieux comprendre du personnage pour qui elle était gravée et des grands de sa cour, cette indication est répétée en grec dans le bas, à l'exergue.

Vittorio Pisano, plus connu sous le nom de Pisanello, fut, en effet, le créateur du nouvel art des médailles iconiques. Tous les contemporains le placent au rang des plus illustres artistes de son siècle. Il était peintre, et comme tel il fut, avec Paolo Ucello, Piero della Francesca et Gentile da Fabriano, un des initiateurs du style moderne, un de ceux qui donnèrent l'exemple de l'étude patiente de la nature et de la recherche d'un certain réalisme vivant dans son imitation. Avec eux il brisait le moule hiératique qui emprisonnait l'art dans des formes conventionnelles, toujours les mêmes. Ces hardis novateurs se plaisaient avant tout à reproduire les hommes de leur temps, tels qu'ils les voyaient dans la vie quotidienne, et ils les introduisaient jusque dans les compositions religieuses, pour lesquelles on employait surtout leurs pinceaux. Vittorio Pisano a été le premier en date entre les peintres de portraits ; il en avait fait un grand nombre et il a été aussi avant tout portraitiste dans ses médailles. Ses œuvres de peinture sont à la hauteur de ses œuvres de glyptique ; elles ont été longtemps presque inconnues, et ce n'est que tout récemment que les patientes et ingénieuses recherches de M. Aloys Heiss en ont fait retrouver une certaine quantité. Mais il ne nous appartient pas ici de l'apprécier à ce point de vue; nous ne pouvons le considérer que comme médailleur. Dans cette branche de l'art, Pisanello doit être rangé parmi les créateurs de génie qui ont, pour ainsi dire, posé les bornes du genre auquel ils ont donné naissance. On a pu faire autrement, mais on n'a pas fait mieux, ni peut-être aussi bien que lui.

C'est la vue des monuments numismatiques de l'antiquité qui a inspiré à Vittorio Pisano la conception de ses médailles. Il a profondément étudié ceux qu'il pouvait avoir à sa disposition. Il leur emprunte la belle forme lenticulaire du flan, l'opposition de la tête du droit avec le type du revers, composé de figures de plus petite dimension, l'esprit et le principe de la composition de ces derniers, toutes choses absolument inconnues au monnayage de son temps. Mais, à côté de ces emprunts, il a sa manière à lui, profondément originale et qui ne tient en rien à l'imitation servile. Il met dans ses médailles un accent personnel, un cachet moderne et de son temps. Tout en s'inspirant de l'exemple des anciens, il n'est ni copiste ni même imitateur. Ses médailles n'ont rien de la minutie trop grande et de la sécheresse dans laquelle tombent quelquefois les graveurs romains du Haut-Em-

pire, sans présenter non plus ce qu'ont de trop ressenti
dans le relief souvent exagéré des têtes les monuments numismatiques grecs de l'âge des successeurs

FIG. 118. — ALPHONSE D'ARAGON, ROI DE NAPLES.
MÉDAILLE DE PISANELLO.

d'Alexandre. Il y a dans le modelé méplat des têtes
exécutées par Pisanello une extrême finesse, une grande
légèreté de touche et un sentiment rare de la physionomie du personnage représenté. Ses revers, où l'on

observe des raccourcis d'une singulière hardiesse, rendus avec beaucoup de bonheur, sont peut-être plus remarquables encore. Il a souvent fait entrer dans la

FIG. 118 *bis*. — ALPHONSE D'ARAGON, ROI DE NAPLES.
MÉDAILLE DE PISANELLO.

composition de ces délicats bas-reliefs des animaux, des chevaux, entre autres, traités avec une vérité et une noblesse de formes qu'on ne connaissait pas avant lui.

Son procédé, qui restera pendant un siècle celui de

ses émules et de ses successeurs, lui est aussi bien personnel; il ne l'a pas imité de ce qu'il pouvait connaître de pièces antiques. De même que les monnayers de la Rome républicaine au temps de l'*æs grave*, qui seul dans l'antiquité atteignait les proportions des médailles italiennes du xve siècle, au lieu d'employer la frappe, il a recours à la fonte. C'est à tort que l'on a l'habitude de qualifier les médailles de la Renaissance de *coulées et ciselées*; le premier terme est seul exact. Elles sont coulées seulement, et les beaux exemplaires, bien vierges, sont absolument sans retouches après la fonte. Aussi cette délicate opération n'était-elle pas abandonnée à des mains vulgaires. Les artistes s'en sont toujours occupés eux-mêmes, et le choix pour les moules d'une terre propre à la fonte, composée d'éléments d'une qualité supérieure, était considéré par eux comme une chose tout à fait essentielle.

Bien que ne montant pas en tout à un chiffre très considérable, les médailles de Vittorio Pisano forment une galerie iconographique merveilleusement vivante et du plus haut prix pour l'histoire. Ce sont les médaillons d'Alphonse d'Aragon, roi de Naples, que nous y avons choisis pour en donner un spécimen. Ils caractérisent parfaitement la manière du maître : la belle disposition de la tête dans le champ du droit; l'imprévu, la grandeur et l'originalité de la composition des revers. Dans la même suite on notera encore, parmi les souverains, le pape Martin V; parmi les hommes de guerre de rangs différents, François de Gonzague, marquis de Mantoue, Leonello d'Este, marquis de Ferrare, Sigismond Pandolphe Malatesta, seigneur de Rimini, tous les trois

protecteurs des lettres et des arts en même temps que
capitaines fourbes et cruels; Inigo d'Avalos, un des
lieutenants d'Alphonse de Naples; Nicolo Piccinino, le
plus brillant et le plus populaire des condottieri de
l'époque; Philippe-Marie Visconti, Candido Decembrio
et Francesco Sforza, dont les trois noms résument un
des moments les plus dramatiques de l'histoire de Milan.
Il y a aussi des femmes, Cécile de Mantoue et Isotta de
Rimini.

Toutes les médailles de Pisanello sont signées;
quelques-unes portent la date de leur exécution. Elles
ont été faites dans un laps de temps très court. La date la
plus ancienne est 1443; la plus récente, celle d'une des
médailles d'Alphonse, 1448. L'artiste lui-même mourut
vers 1450. Il exécutait les épreuves de ses médaillons
en bronze et en plomb. Les amateurs du XVᵉ siècle re-
cherchaient plus particulièrement les dernières, auxquelles ils trouvaient plus de finesse.

« Les contemporains, remarque M. Eug. Piot, paraissent avoir été très touchés par la vue de ces productions d'un art à la fois élevé et charmant. Nous pour-
rions citer trois ou quatre poèmes latins des plus
célèbres humanistes du temps, Guarini, Basini, Por-
celli, Strozzi, sans compter les prosateurs, écrits en
l'honneur des portraits et des médailles de Pisanello.
Par la facilité avec laquelle on pouvait les multiplier,
celles-ci satisfaisaient, pour leur part, au besoin impérieux de savoir et de voir, au noble désir de gloire et
de renommée qui est un des caractères de cette belle
Renaissance italienne. »

Une voie si vaillamment ouverte ne devait pas tar-

der à être parcourue par un grand nombre d'artistes
attirés sur les traces de Vittorio Pisano. Parmi ses
élèves et ses émules les plus connus, il faut citer avant

FIG. 119. — ALPHONSE D'ARAGON, ROI DE NAPLES,
MÉDAILLE DE PISANELLO.

tout Matteo de' Pasti, de Vérone, dont le nom a pris
tant d'importance dans l'histoire de la sculpture italienne
depuis que l'on a découvert qu'il était l'auteur de la
majeure partie de la merveilleuse décoration intérieure

du Tempio Malatestiano, la cathédrale de Rimini. Mentionnons encore Giovanni Boldu, peintre vénitien ; Guidizani ; Guacialotti, auteur d'une médaille du pape Nico-

FIG. 119 *bis*. — ALPHONSE D'ARAGON, ROI DE NAPLES.
MÉDAILLE DE PISANELLO.

las V ; Constantis, Laurana, Bertoldo, Paolo da Ragusa, et, un peu plus tard, Marescotto, Andrea da Cremona, della Torre de Vicence, Giovanni Francesco de Parme, Antonio del Pollajuolo, Andrea della Robbia, tous grands

artistes, sculpteurs ou peintres en même temps que médailleurs. Un rang particulièrement honorable doit être assigné à Sperandio, qui, plus que tous les autres, a produit un très grand nombre de médaillons d'un modelé robuste. On a voulu identifier ce médailleur avec un orfèvre du même nom, Sperandio Melioli de Mantoue; mais il est aujourd'hui démontré que c'était une erreur. Les deux médailles que l'on connaît portant la signature *Meliolus* ne sont en aucune façon dans la manière des nombreux ouvrages signés *opus Sperandei*, qui représentent pour la plupart des Bolonais. Sperandio, probablement natif de Mantoue et fixé à Bologne pendant une partie de sa carrière, est du nombre, encore assez considérable au xv° siècle, des artistes de talent sur lesquels l'histoire des arts demeure muette.

Au reste, une partie des médailles du xv° siècle sont anonymes, et celles dont on ignore ainsi les auteurs comptent plus d'une fois parmi les meilleures. Nous insérons ici trois spécimens de ces anonymes, tout à fait remarquables

FIG. 121. — ALEXANDRE VI,
MÉDAILLE ANONYME ITALIENNE.

au point de vue des portraits qu'elles retracent. L'une offre l'effigie du pape Innocent VIII, l'autre celle d'Alexandre VI, la troisième celle du roi de Hongrie Mathias Corvin. Cette dernière a dû être exécutée par un des artistes qui avaient suivi sur les bords du Danube Béatrice d'Aragon, mariée à Mathias.

Ces premiers émules et successeurs de Vittorio Pisano sont parvenus quelquefois à l'égaler dans l'exécution et le modelé des têtes, dans leur accent individuel et le caractère des physionomies. Mais tous lui

FIG. 122.

MATHIAS CORVIN, ROI DE HONGRIE.

MÉDAILLE ANONYME ITALIENNE.

sont inférieurs dans la composition et le rendu des types des revers.

Vers la fin du xve siècle, un artiste renommé de Milan, Ambrogio Foppa, dit Caradosso, dérogea le premier d'une manière considérable aux traditions établies par Pisanello, et donna définitivement aux médailles la forme qu'elles ont conservée depuis, en se rapprochant davantage des modèles que fournissaient dans la série romaine antique les grands bronzes et les médaillons de même métal. Il leur emprunte le grénetis qui y sert de cadre aux types des deux faces et la position des revers, qu'il place désormais, conformément à l'usage des Romains, à l'inverse de la tête. Il faut donc retourner la médaille de bas en haut, et non plus de droite à gauche, pour avoir dans son sens le type du revers. Caradosso ne s'est jamais départi de cette disposition, qu'ont adoptée aussi la plupart de ses 'successeurs. On lui doit les médailles des derniers Sforza de Milan et celles des

FIG. 123.
JULES II, MÉDAILLE DE CARADOSSO.

papes Alexandre VI et Jules II. Nous reproduisons cette

dernière, ainsi que l'autre médaille où le même artiste a donné un portrait des plus intéressants de Bramante, le premier architecte de Saint-Pierre de Rome, avec, sur le revers, à côté d'une figure allégorique de l'Architecture, la façade de la basilique, telle que ce grand maître l'avait conçue et qu'elle n'a malheureusement pas été exécutée.

Vittore Gambello, dit Camelio, excellent sculpteur de Venise, qui vivait à la même époque, accentue encore davantage, dans quelques-unes de ses œuvres, l'imitation des grandes monnaies romaines, en copiant leur module et en se rapprochant autant qu'il peut de leur style, ainsi que de l'esprit et de la disposition de leurs types. C'est l'effet du goût qui

FIG. 124.

BRAMANTE, MÉDAILLE DE CARADOSSO.

venait de naître et qui se développait rapidement pour les collections de numismatique ancienne. Il inspirait le désir de donner place aux médailles modernes, représentant les hommes célèbres contemporains, dans les cartons des amateurs, à la suite des grands bronzes et des médaillons romains. Un peu plus tard, Giovanni Cavino, surnommé le Padouan, pousse cette imitation des modèles antiques jusqu'à la falsification. Avec son associé, l'érudit Alessandro Bassiano, il exécute dans un but de spéculation frauduleuse, pour tromper les amateurs antiquaires, une nombreuse suite de copies de monnaies romaines dont la réussite est

FIG. 125.
MÉDAILLE IMITÉE DE L'ANTIQUE
PAR LE PADOUAN.

vraiment extraordinaire et qu'aucun faussaire postérieur n'est parvenu à égaler sous le rapport du mérite d'art.

La nouvelle mode des médailles se rapprochant de
celles de la série romaine, telles que les avaient conçues
Caradosso et Camelio, n'empêchait pas, du reste, de
continuer à exécuter des médaillons d'une dimension
plus grande, tels qu'avaient été ceux de Pisanello et de
ses successeurs immédiats. On a fait un nombre infini
des pièces de l'un et de l'autre modèle pendant la première moitié du xvi⁰ siècle. La simple énumération des
noms des artistes qui en ont produit alors, à Rome, à
Milan, à Parme, à Venise, à Florence, à Sienne, récla-
merait plusieurs pages et serait pourtant d'une sécheresse qui rebuterait ici le lecteur. Je la renvoie à un des
appendices placés à la fin du volume, qui contiendra la
liste complète des médailleurs italiens de la Renaissance d'après les belles et récentes recherches de M. Armand. Pour le moment, il suffira de dire que les
connaisseurs estiment et recherchent surtout les beaux
ouvrages de Giovan Maria Pomedello, de Leone Leoni,
le sculpteur favori de Charles-Quint, de Jacopo Trezzo,
de Benvenuto Cellini, qui, malgré ce que pensait de
lui-même sa prodigieuse vanité, est loin de tenir un
des premiers rangs parmi les auteurs de médailles,
d'Annibale Fontana, d'Alessandro Vittorio, de Pietro
Paolo Olivieri, tous distingués par des œuvres importantes comme sculpteurs.

« Le médaillon au xvi⁰ siècle, en Italie, dit très
bien M. Eug. Piot, dont la connaissance de cette
époque est si étendue et si sûre, était devenu une mode
à laquelle nul ne se refusait, comme c'était chez nous
la mode, au xvii⁰ siècle, de faire graver son portrait au
burin. C'était aussi pour les artistes un moyen de se

concilier la bienveillance des puissants personnages en position de faire exécuter de plus grands travaux, et je suis bien surpris que de nos jours nul n'ait suivi la même voie, tout en continuant la série des grands médaillons modernes, si brillamment inaugurée par David d'Angers il y a cinquante ans. Nous ne manquons pas de ministres qui seraient charmés d'entrer en aussi brillante compagnie, et si par hasard leur tête ne répondait pas toujours à l'idéal de l'artiste, il y a leurs femmes et leurs filles, en général, plus élégantes et plus belles.

« Aux époques de goût, la médaille n'appartient pas seulement aux grands hommes, c'est un objet d'art que tout le monde peut se permettre. Qui sait si un médaillon fait par un artiste distingué ne serait pas un chemin modeste et détourné pour arriver à cette perpétuité du souvenir dont le désir est au fond de chacun de nous ? La galerie des belles Italiennes du temps passé, dont les médaillons nous ont conservé les élégances et le souvenir, est nombreuse, et nul n'y a contribué davantage que Pastorino de Sienne. Presque toutes ses médailles sont des portraits de femmes, qui forment la plus charmante collection de têtes, de coiffures et d'ajustements de corsages que l'on puisse voir. L'artiste se contentait de signer ses ouvrages de l'initiale P. à laquelle il ajoutait souvent une date ; aussi est-il resté inconnu jusqu'à ces derniers temps. On oublie trop souvent, dans la grande histoire, les artistes qui mettent leur talent au service des mondanités de chaque jour, et l'on a tort. Ce sont les seuls qui donnent la véritable physionomie du temps où ils ont vécu. Un des meilleurs médaillons de Pastorino repré-

sente une dame de Ferrare, Geronima Sacrata, qui ne
se distinguait probablement que par sa beauté. Mais
la publicité s'en empare aujourd'hui, et chacun va la
connaître. Sa mémoire aura trouvé un abri sous l'aile
de l'artiste de talent qui nous a laissé son portrait.

FIG. 126.

GERONIMA SACRATA. MÉDAILLE DE PASTORINO.

Les femmes devraient se rappeler plus souvent les vers
du chantre d'Elvire. »

C'est à M. Armand que sont dues la détermination des
œuvres de Pastorino et la révélation des vrais caractères de l'art de ce charmant maître médailleur, celui
de tous qui a le mieux compris les élégances de la
femme mondaine. Ses ouvrages en ce genre ont été

exécutés, d'après les dates qui y sont inscrites, de 1548 à 1578. Ils ont un grand prix pour l'histoire du costume. Pastorino ne faisait pas toujours couler en métal les médaillons qu'il modelait d'une main si habile. Il en exécutait aussi un grand nombre en cire colorée. Un biographe assure que ces médaillons paraissaient vivants, et, en effet, en nous rappelant la fraîcheur et l'éclat des œuvres modernes de ce genre, il est facile d'imaginer la vivacité et le charme que de semblables ouvrages devaient avoir dans leur nouveauté, traités par un tel artiste.

En Italie, pendant la seconde moitié du XVIe siècle, les médailles obtenues par les mêmes procédés que les monnaies, au moyen de la frappe avec des coins gravés sur acier, prennent insensiblement la place des médaillons exécutés par le procédé plus simple et plus libre de la fonte. Les perfectionnements techniques apportés à la frappe, pour laquelle on commençait alors à employer des machines, permettaient de fabriquer d'après cette méthode des pièces d'un plus grand module et d'un plus fort relief. Ils donnaient la possibilité de multiplier presque indéfiniment les exemplaires d'une façon toute mécanique et répondaient par suite à un plus grand besoin de diffusion. Ce fut une des principales causes de l'évolution dans les procédés, qui mit fin à l'exécution d'œuvres plus variées et d'un sentiment plus individuel, que les vrais connaisseurs de l'art leur préféreront toujours. Cette évolution était, d'ailleurs, un résultat presque fatal de la connexité qui tendait chaque jour davantage à se rétablir entre la gravure en médailles et la gravure en monnaies et qui ramenait dans les mêmes mains l'exercice de l'une et de l'autre.

La création de l'art des médailles coulées, telles que
les conçut la Renaissance italienne à sa plus belle
époque, avait été, nous l'avons fait voir, absolument
indépendante de la pratique du monnayer. Ses grands
maîtres furent des peintres et des sculpteurs, qui ne se
préoccupèrent jamais des conditions particulières où se
trouve placé le graveur des coins destinés à la frappe.
Pas d'apprentissage technique à faire dans ces données,
pas de spécialisation. Tout artiste qui savait modeler
habilement et qui était capable de composer un type
pouvait créer une médaille sans avoir besoin d'apprendre des pratiques particulières, en y mettant une
liberté d'accent, une variété de manière, un cachet personnel qui ne sauraient exister au même degré dans
un art dont la pratique réclame des spécialistes. Aussi
les monnayers, enchaînés dans les traditions de leur
métier plus mécanique, furent-ils un certain temps
sans ressentir les effets des créations des médailleurs.
Il fallut plus d'un quart de siècle avant que les graveurs
des coins monétaires renouvelassent à leur tour les
pratiques auxquelles ils étaient habitués, avant que les
monnaies frappées suivissent, dans la mesure où la
chose était désormais possible, les progrès consommés
dans l'art des médailles. Ce n'est qu'à une date déjà
avancée dans la seconde moitié du xve siècle qu'en Italie
même l'effigie réelle des souverains, au nom desquels la
monnaie était frappée, commença à y retrouver place
comme chez les anciens, et cela à l'imitation des têtes-
portraits des médailles coulés.

Devenus ainsi plus habiles, rentrés dans la voie d'un

art plus savant et plus perfectionné, composant leurs pièces, du moins en ce qui était de l'effigie, dans les mêmes données et le même sentiment que les médailles, les monnayers voulurent se mettre à faire également celles-ci, en y appliquant leurs procédés propres. Les princes qui désiraient avoir de belles monnaies, répondant au sentiment d'art et de goût de leur époque, recoururent pour l'exécution des coins à des artistes qui fussent en même temps médailleurs; mais naturellement, comme il s'agissait de mettre en œuvre une technique spéciale, ils ne purent pas s'adresser aux peintres et aux sculpteurs. Ce sont les orfèvres qu'ils employèrent, d'autant plus que déjà beaucoup étaient monnayers. Tel était Emiliano Orsini, de Foligno, qui fabriqua les monnaies des papes Pie II et Paul III. Tel était aussi Benvenuto Cellini, qui ne s'était encore fait connaître que comme orfèvre quand il fut chargé de la gravure et de la fabrication des monnaies papales. L'art des médailles et celui des monnaies redevinrent donc de jour en jour deux arts étroitement liés, pratiqués par les mêmes individus avec les mêmes méthodes. La gravure des coins reprit une importance qu'elle avait perdue depuis une longue suite de siècles et entra dans une concurrence, au bout de quelque temps victorieuse, avec le simple modelage des médaillons destinés à la fonte. En perfectionnant ses moyens de production, en devenant capable de donner plus vite, à moins de frais et avec une égalité plus grande, un nombre beaucoup plus considérable d'exemplaires, elle finit par l'emporter. Les monnaies gagnèrent à cette révolution, mais les médailles y perdirent.

Les méthodes modernes de la frappe au moyen de machines imposent aux graveurs en médailles des conditions défavorables, sur lesquelles nous aurons à revenir un peu plus loin, qui mettent l'art monétaire par rapport à celui des anciens dans une infériorité sensible et à laquelle il n'est pas moyen de remédier avec l'emploi de ces méthodes. Ce n'est pas qu'une médaille frappée, comme on le fait depuis la fin du xvi° siècle et surtout depuis le xvii° siècle, ne puisse être encore une œuvre d'art fort remarquable; nous avons mille preuves du contraire. Mais le procédé ne souffre pas de médiocrité, et la gravure des coins, qui est un art à part au point de vue technique, localise cette branche de la plastique entre les mains d'un nombre d'artistes fort restreint. La frappe mécanique devait réussir, car elle répondait à un besoin impérieux de multiplication des produits. Mais en donnant aux médailles une netteté qui tourne trop souvent à la sécheresse, elle leur a enlevé du même coup la touche artistique libre et individuelle qui faisait le charme des œuvres des modeleurs de la Renaissance. Dans les arts, le perfectionnement mécanique est bien rarement un progrès.

Un autre effet de l'application désormais exclusive des procédés de la fabrication monétaire à la production des médailles et médaillons fut de faire sortir ce genre de portraits des habitudes du public. L'exécution des médailles frappées avec des coins gravés ne pouvait plus se faire que dans des conditions d'outillage tout spécial, qu'on ne trouvait que dans les hôtels des monnaies gouvernementaux. L'artiste devait se borner désormais à la gravure de ses coins; pour en tirer les épreuves, il fallait qu'il s'en remît à l'habileté plus ou moins grande des manœuvres travaillant dans des ateliers où on ne pouvait les employer qu'avec une permission des autorités publiques. Tout cela constituait autant d'entraves qui dégoûtèrent les particuliers et mirent fin à la mode de faire faire son portrait en médaille.

Il n'y eut plus désormais que les souverains, les gouvernements et les corps constitués qui firent faire des médailles. Leur gravure devint ainsi un art purement officiel, c'est-à-dire nécessairement guindé, pompeux, en même temps que froid et sans vie. Dans ces conditions nouvelles, en Italie, c'est surtout à la cour des papes qu'il fut encouragé et garda quelque valeur. Du reste, à partir de la fin du xvi⁰ siècle et surtout du xvii⁰, il en fut de la gravure en médailles comme de toutes les branches de l'art italien. La décadence s'y produisit rapide et complète. Le mauvais goût, la pompe creuse et vide, la fausse grandeur, l'accent théâtral, la recherche et la convention banale y remplacèrent les éminentes qualités des maîtres d'autrefois. Il ne resta qu'une habileté de main, dans laquelle on fit consister tout le mérite des artistes. Depuis 1600, l'histoire de la gravure en médailles italienne n'offre plus d'intérêt. C'est un art qui a perdu toute valeur et toute originalité. Elle ne présenterait plus qu'une liste de noms d'une médiocrité désespérante qui fatiguerait le lecteur sans lui rien apprendre qui en vaille la peine. L'Italie a laissé échapper le sceptre qu'elle avait si vaillamment porté près d'un siècle et demi, grâce à la sève créatrice qui animait ses médailleurs de la Renaissance. C'est la France qui relève alors ce sceptre et qui le tient à son

tour avec un admirable éclat pendant une période
égale. Et quand la décadence de l'art des médailles et
monnaies se produit ensuite dans notre pays, aucun
autre ne se montre en état de prendre sa place. La décadence devient générale en Europe, à tel point qu'aujourd'hui encore cette noble branche de l'art attend une
rénovation.

CHAPITRE III

Avant de nous occuper des médailles et monnaies de France, qui forment un des chapitres les plus brillants de l'histoire de l'art monétaire des temps modernes et qui nous intéressent plus qu'aucun autre, il est nécessaire de dire quelques mots des médailles allemandes de la Renaissance. Elles ont, elles aussi, un mérite et un éclat qui ne permettent pas de les passer sous silence. Le rang qu'elles tiennent dans cette branche des arts est des plus distingués. On ne saurait tracer, même très sommairement, un tableau complet de ses vicissitudes et de ses phases sans leur y faire la place qui leur convient. Dans le bagage artistique, somme toute assez restreint, du passé de nos rivaux d'outre-Rhin, les œuvres des médailleurs du XVIe siècle sont une des choses dont ils ont le plus justement droit d'être fiers. Pourtant force sera de nous borner à quelques brèves indications sur ce sujet. Il n'a encore été que très imparfaitement creusé, même en Allemagne ; à plus forte raison, en France, est-il presque inconnu. Les collections mêmes

y manquent pour l'étudier d'une manière approfondie.
Presque tout y reste à faire. Et ce qui rend le sujet
particulièrement obscur et difficile, ce qui ne permet guère d'y entrer dans des détails un peu précis en

FIG. 127.
CHARLES-QUINT, MÉDAILLE DE HEINRICH REITZ.

le résumant, c'est l'anonymat de la plupart des médailles allemandes. On y distingue deux grandes écoles.
Mais, pour assigner à ces monuments numismatiques
des auteurs déterminés d'une manière précise, il faudrait
tout un vaste et minutieux travail, qui n'a pas été fait,
de comparaison des médailles avec les œuvres d'orfè-

vrerie d'attribution positive des mêmes villes et de la même époque.

C'est à l'Italie que l'Allemagne a emprunté l'usage des médailles coulées, et cela seulement au début du

FIG. 127 *bis*.
CHARLES-QUINT, MÉDAILLE DE HEINRICH REITZ

xvie siècle, au temps de l'empereur Maximilien, sous l'influence de Peter Fischer, qui avait séjourné un certain temps au delà des Alpes et s'y était perfectionné dans les arts. Mais s'il est ainsi le résultat d'une importation étrangère, l'art du médailleur s'est très remarquablement naturalisé sur le sol allemand. Pendant un peu plus d'un siècle il y a pris un développement considérable et brillant, et les œuvres qu'il a produites alors sont aussi nombreuses qu'intéressantes. Il a aussi revêtu en Allemagne un caractère original et franchement germanique, empreint d'un goût de terroir prononcé et d'un accent qui coïncide bien avec celui des peintres et des sculpteurs du même pays. On sait la patience et la délicatesse que les artistes allemands ont apportées dans le travail du bois et du calcaire lithographique, où ils ont exécuté des bas-reliefs d'une finesse de camée à laquelle se prêtait le grain si fin et si compact de cette pierre. Leurs médailles ne sont pas moins remarquables sous ce rapport. Quelques-unes, d'un très petit module, sont de véritables merveilles. Dans les médaillons de femmes de plus grande dimension, les ajustements de corsages et les chapeaux à larges bords sont aussi disposés avec beaucoup d'élégance.

Les médailleurs allemands sont, du reste, aussi étrangers à toute recherche de beauté idéale que ceux de leurs compatriotes qui ont cultivé les autres branches des arts du dessin. La conception même de cette beauté n'a pas effleuré leur esprit. Ce sont des copistes consciencieux de la nature; ils s'attachent à un réalisme vigoureux et naïf, qui puise sa grandeur dans sa fidélité même et dans l'honnêteté avec laquelle il représente les choses telles qu'il les voit, sans les embellir, mais aussi sans tomber dans la trivialité. Cette tendance naturelle prédisposait les Allemands à exceller dans le portrait monétaire, où ils n'ont apporté toutefois ni la noblesse des Italiens du xve siècle ni l'élégante distinction des Français du commencement du xviie. Les effigies de leurs médailles se recommandent par un accent saisissant de vérité vivante et par l'expression des physionomies.

Deux noms dominent l'art du médailleur en Allemagne, en résument le plus grand éclat et se partagent l'honneur de ses meilleures productions. C'est d'abord celui d'Heinrich Reitz, orfèvre de Leipzig, qui a beau-

FIG. 128.

MATHIEU SCHWARTZ, MÉDAILLE DE FRIEDRICH HAGENAUER

coup travaillé pour les Électeurs de Saxe et chez qui l'on reconnaît une influence très visible de Lucas Cranach. C'est ensuite celui de Friedrich Hagenauer, d'Augsbourg, dont le style est plus simple. Les grands médaillons de ce dernier maître sont tout à fait remarquables. Il paraît avoir été attaché à la cour de l'empereur Ferdinand Ier, frère de Charles-Quint.

Les médailles exécutées par les orfèvres de Nuremberg et d'Augsbourg sont innombrables. Les patriciens-banquiers de la seconde de ces villes, les bourgeois de

la première se sont complu autant que les princes, les
grands seigneurs et les artistes de l'Italie à faire éterniser leur portrait sous cette forme, et en ce genre ils
ne se sont refusé aucun luxe. Du reste, comme je le
disais tout à l'heure, en ce qui est de leurs auteurs, les
médailles exécutées à Nuremberg et à Augsbourg sont
presque toujours anonymes. On ne sait quelles pièces
attribuer à Hans Masslitzer, Wenzel, Albrecht Jam-
mitzel, dont on connaît seulement les noms comme
ayant été parmi les principaux médailleurs de Nuremberg; ce n'est que par induction que l'on donne certaines médailles à Johann Schwartz, d'Augsbourg. Les
artistes qui signent leurs œuvres, comme C. Kold, sont
l'exception. Il est même souvent difficile de séparer les
productions des deux grands ateliers rivaux, bien que
l'on discerne dans celui de Nuremberg une supériorité
incontestable due à l'influence d'Albert Dürer et de
Burgmair, qui, plus d'une fois, ont dû diriger les médailleurs, s'ils n'ont pas eux-mêmes quelquefois mis la
main à ce travail.

Exécutées par des orfèvres, les médailles allemandes
en portent la trace dans les détails et dans les procédés
de leur travail. Celles qui sont coulées ont, en général,
été délicatement et minutieusement ciselées après la
fonte. Quelquefois on les a émaillées en partie, ce
qui ne s'était jamais fait en Italie ni nulle part ailleurs. Mais une partie des médailles allemandes sont
frappées, et elles l'ont été bien avant qu'on adoptât
cette méthode en Italie ou en France. C'est en Allemagne que la mécanique a été appliquée pour la première fois à la fabrication des espèces monétaires et des

médailles. Les diverses machines dont on substitua l'action aux opérations successives de la frappe au marteau et qui, seulement perfectionnées, mais restant essentiellement les mêmes, sont demeurées en usage jusque vers le milieu de notre siècle dans les différents hôtels des monnaies de l'Europe, furent des inventions germaniques, et les orfèvres-médailleurs de Nuremberg et d'Augsbourg surent tout de suite les manœuvrer avec une extrême habileté et en tirer le plus heureux parti. Leur outillage, bientôt imité dans le reste de l'Europe, se composait du *laminoir* ou *moulin*, du *banc à tirer* ou *engin tireur*, du *découpoir* ou *coupeur* avec sa *boîte*, enfin du *balancier*, qui frappait l'empreinte de la gravure en creux des coins sur le flan circulaire, découpé dans les bandes de métal obtenues au laminoir. L'énergique pression du balancier permettait de frapper des pièces d'une dimension et d'un relief impossibles à monnayer au marteau.

L'art du médailleur a donc eu dans le XVIᵉ siècle en Allemagne une floraison tout à fait remarquable ; mais elle n'a pas été de longue durée. Son sort a été le même que celui de toutes les branches de l'art allemand. Il a péri dans les convulsions de la guerre de Trente ans. A dater de ce moment commence pour l'Allemagne une longue période de stérilité complète sous le rapport de l'art. Elle perd toute vie et toute originalité. C'est à peine si elle parvient à se traîner misérablement à la remorque des pays qui donnent l'exemple et l'impulsion, se bornant à subir leur influence et à les copier sans goût. L'Allemagne n'a recommencé que dans ce siècle à avoir une peinture et une sculpture à elle.

Pour une gravure monétaire digne de mention, elle n'a pas su encore en recouvrer une et renouer sous ce rapport les traditions de son passé.

Quant aux autres pays de l'Europe, ils ne comptent pas dans l'histoire de l'art des médailles et monnaies. On n'y saurait nommer en ce genre aucun artiste de valeur, aucune grande œuvre. Le peu de choses remarquables qu'on aurait à y signaler, comme monuments de l'une ou l'autre de ces classes, est dû à des mains étrangères. Et, dans la médiocrité de leur production proprement nationale, ils ont suivi docilement, suivant les époques, les influences de l'Italie, de l'Allemagne et de la France.

CHAPITRE IV

La médaille, telle que l'avait conçue l'Italie du
xvᵉ siècle, telle que Vittorio Pisano l'avait créée, était
essentiellement et exclusivement iconographique. C'était
un portrait confié à une matière impérissable pour
passer à la dernière postérité. Tout y était subordonné
à l'effigie, et le type qu'on plaçait sur son revers n'était
que l'*emprise* du personnage représenté ou une allégorie laudative à son adresse. On ne cherchait aucunement à en faire la commémoration d'un événement,
d'un fait déterminé.

C'est la France qui nous offre le premier exemple
d'une médaille commémorative, et il est presque aussi
ancien que la création de l'art nouveau dont Pisanello
fut le père. Cette apparition des premières médailles
commémoratives se rattache à l'un des plus glorieux
souvenirs de notre histoire. On ne saurait dire si le
bruit de ce qui se faisait déjà depuis quelques années
en Italie a contribué à en inspirer l'idée. Mais, sous le
rapport de l'art, les monuments numismatiques français

auxquels je fais allusion ne procèdent en aucune façon
des œuvres des médailleurs italiens. Ils appartiennent
entièrement aux vieilles traditions des monnayers natio-

FIG. 129.
MÉDAILLE COMMÉMORATIVE DE L'EXPULSION DES ANGLAIS
EN 1451.

naux du moyen âge et sont exécutés avec leurs procédés habituels.

En 1451, lorsque la prise de Bordeaux eut achevé
l'expulsion des Anglais du sol français, un financier

patriote, qui fut peut-être Jacques Cœur, fit *frapper*,
pour célébrer ce mémorable événement et en conserver
le souvenir, toute une série de médailles d'or aux types

FIG. 129 *bis*.
MÉDAILLE COMMÉMORATIVE DE L'EXPULSION DES ANGLAIS,
EN 1451.

variés. Elles ont été faites par les méthodes des monnoyers, et conçues dans les données du numéraire circulant de l'époque, dont elles ne se distinguent que
par leurs dimensions et par leur épaisseur, analogue à

celle des pièces d'essai que l'on fabriquait à l'adoption de nouveaux coins sous le nom de *piéforts*. Rien n'y indique encore une tendance à la rénovation de l'art monétaire. Le spécimen que nous en avons fait graver, et qui est d'or, montre d'un côté l'écu de

FIG. 130.
MÉDAILLE COMMÉMORATIVE DE L'EXPULSION DES ANGLAIS,
EN 1451.

France, timbré d'une couronne royale, accosté de branches de rosier et surmonté d'un K également couronné, initiale du nom du roi, *Karolus*. La double légende se compose des vers suivants :

> Quand je fu faict sans diférance,
> Au prudent roy, ami de Dieu,

> On obéissait partout en France,
> Fors à Calais, qui est fort lieu.

Le revers présente une croix fleuronnée, cantonnée
de quatre fleurs de lis couronnées et contenue dans un
encadrement gothique ; devant chaque croisillon une

FIG. 130 *bis*.
MÉDAILLE COMMÉMORATIVE DE L'EXPULSION DES ANGLAIS,
EN 1451.

banderole accompagnée d'une couronne porte la devise
Désiré suis. La double légende fait lire :

> D'or fin suis extraict de ducas
> Et fus faict pesant VIII caras,
> En l'an que verrés moi tournant,
> Les lettres de nombre prenant.

Nous donnons encore la représentation d'une autre de ces médailles de la libération du territoire sous Charles VII. Les inscriptions y sont en vers latins.

FIG. 131
LOUIS XI, MÉDAILLE DE FRANCESCO LAURANA.

La seconde en date des médailles commémoratives est encore française. Elle appartient au règne de Louis XI, et se rattache également, par son art et sa fabrication, au système de l'ancien monnayage. C'est la petite pièce d'or, d'une gravure fort élégante, le meilleur monument numismatique du règne, qui fut faite à l'occasion de l'établissement de l'ordre chevale-

FIG. 131 bis.
LOUIS XI, MÉDAILLE DE FRANCESCO LAURANA.

resque de Saint-Michel. Ses dimensions n'excèdent guère celles des monnaies courantes, avec lesquelles on l'a souvent confondue.

Mais tandis qu'il faisait frapper en France cette

pièce commémorative, où rien ne sortait encore des traditions du passé médiéval, Louis XI faisait exécuter à Aix, par l'Italien Francesco Laurana, qui y résidait à la cour du roi René, sa médaille iconique dans les données de l'art nouveau enfanté par le génie de la Renaissance. La tête du roi y est coiffée d'un *chapel* de fourrures. C'est la première médaille qui offre une effigie française. Elle a dû encore être exécutée par un étranger; mais bientôt cette branche de l'art allait s'implanter sur notre sol.

La première médaille française coulée avec effigie, dans le système des médailles italiennes, est celle qui offre les deux portraits de Charles VIII et d'Anne de Bretagne et qui a été fabriquée à Lyon en 1494, pour être offerte par la ville à l'entrée de la reine, alors régente en l'absence de son mari, occupé à la guerre de Naples. C'est l'œuvre d'un orfèvre lyonnais, Louis Le Père, à qui son gendre, Nicolo Spinelli de Florence, avait enseigné l'art du médailleur; car lui-même l'avait exercé en Italie, non sans mérite, et l'on connaît un certain nombre de ses œuvres. La médaille de Lyon procède ainsi des ouvrages italiens; mais elle n'en est pas moins dans son style originale et bien française. Pendant ce temps, plusieurs médailles de Charles VIII étaient exécutées en Italie, par des artistes du pays, et l'expédition de Naples, qui fut pour les Français une révélation décisive dans toutes les parties du domaine de l'art, répandait à la cour et dans le public le goût de cette sorte d'illustrations.

Le règne de Louis XII vit se multiplier les médailles françaises. Lyon nous en présente encore deux nou-

velles, assez apparentées à la première pour que l'on
puisse constituer un petit groupe à part des médailleurs
lyonnais, qui ont été dans cette voie les initiateurs du
reste de la France. C'est d'abord celle de l'entrée du roi
et d'Anne de Bretagne, modelée en 1500 par deux
sculpteurs, Nicolas Le Clerc et Jean de Saint-Priest,
et fondue par l'orfèvre Jean Le Père. C'est ensuite celle

FIG. 132.

MÉDAILLE DE CHARLES VIII ET ANNE DE BRETAGNE,
FABRIQUÉE A LYON.

de l'entrée de Philibert le Beau, duc de Savoie, et de
Marguerite d'Autriche, en 1502, œuvre de l'orfèvre Jean
Marende, de Bourg-en-Bresse. Dans la façon dont les
deux effigies y sont affrontées et réunies sur le même
côté de la médaille il y a une innovation, inspirée par
les exemples de la numismatique romaine, que n'avaient
pas encore imaginée les Italiens. Mais elle a dû être
puisée dans la médaille coulée à Bruges ou à Gand
en 1477, à l'occasion du mariage de Maximilien d'Au-

triche et de Marie de Bourgogne, monument unique
en son genre, où l'art flamand se montre de plus d'un
quart de siècle en avance sur la France et l'Allemagne
pour exploiter avec succès le genre créé par l'Italie.

Le règne de Louis XII nous offre aussi la première
médaille du nouveau système qui ait été frappée comme
les monnaies avec des coins gravés, bien avant que les

FIG. 133. — LOUIS XII, MÉDAILLE DE MICHEL COLOMB.

Italiens se fussent mis à faire de même. C'est la médaille
de l'entrée du roi à Tours, en novembre 1501. Le modèle en fut fait par l'éminent sculpteur Michel Colomb;
le coin et le trousseau furent gravés par l'orfèvre
Jean Chapillon, qui *forgea* les soixante et un exemplaires qu'on en tira en or. Enfin c'est Louis XII qui le
premier introduisit sur les monnaies l'effigie royale, à l'i-
mitation de l'habitude reprise en Italie. La *teste* du roi
fit donner le nom de *testons* aux espèces d'argent qui
présentaient le buste des souverains.

Les Français avaient montré ce qu'ils étaient capables de faire comme médailleurs. Mais François Ier, sur ce terrain comme sur tous les autres, ne sut pas comprendre les ressources de l'art national et l'avenir qu'il promettait. Entraîné par un regrettable courant de mode, il s'adressa aux Italiens dans le moment même où la décadence commençait à les atteindre, et s'efforça de transporter chez nous leur art comme une plante étrangère, sans tenir compte des traditions et du génie

FIG. 133. — TESTON DE LOUIS XII.

propre de la France. C'est à Benvenuto Cellini, dont il s'était si prodigieusement engoué, qu'il demanda sa médaille officielle. C'est un des bons ouvrages de cet artiste ; mais ce n'est, somme toute, qu'une médaille de second ordre. François Ier voulait aussi confier ses monnaies au Véronais Matteo del Nassaro, par qui il avait fait faire un essai de teston. Mais il dut renoncer à ce projet devant les résistances des généraux-maîtres des monnaies et des graveurs nationaux, et se contenter d'employer l'artiste italien comme graveur en pierres fines.

Les médailles des règnes qui suivent sont, pour la plupart, entièrement françaises. Pourtant il faut faire une place considérable dans l'histoire de l'exercice de

FIG. 135.
MÉDAILLE DE FRANÇOIS Ier,
PAR BENVENUTO CELLINI.

cet art en France à un Italien qui n'a travaillé que chez nous, sur la vie duquel on ne sait absolument rien et que son style rattache à l'école de Milan, Jacques Primavera. Ses médaillons, tous signés et du même module, sont excellents et ont exercé une heureuse influence sur les artistes français contemporains. On a de lui ceux de la reine Catherine de Médicis, du duc d'Alençon, son fils, de Charles de Lorraine, d'Élisabeth d'Angleterre, de César de Bellegarde, du duc de Béthune; et, particularité rare, ceux de quelques-uns de nos poètes, Christophe de Thou, Ronsard, Antoine de Baïf et Philippe Desportes.

Les médailles françaises de la seconde moitié du

XVIᵉ siècle, partie coulées, partie frappées, sont en général anonymes. Rien n'est donc plus difficile que la recherche de leurs auteurs possibles ou probables. On ne sait point, par exemple, d'une manière positive, à qui

FIG. 136.
PHILIPPE DESPORTES, MÉDAILLE DE PRIMAVERA.

est due une magnifique suite de grands médaillons représentant Henri II, Catherine de Médicis, ses deux fils Charles IX et Henri III, ainsi qu'Élisabeth d'Autriche, veuve du premier. On s'accorde pourtant en général à les attribuer à Germain Pilon, et ils sont dignes de ce grand artiste. Celui de Henri II porte le millé-

sime de 1559, année de sa mort. Nous reproduisons
dans une proportion réduite celui de Catherine de Mé-

FIG. 137.
CATHERINE DE MÉDICIS, MÉDAILLON ATTRIBUÉ
A GERMAIN PILON.

dicis, veuve. Il est possible que tous les cinq aient été
exécutés en même temps.

Germain Pilon, très estimé de Charles IX, avait été

nommé par lui « sculpteur, conducteur et contrôleur général en l'art de sculpture sur le fait des monnoies du roy et revers d'icelles », et admis dans cette charge par la Cour des monnaies en 1573. « Peut-être, remarque avec raison M. Piot, les cinq médaillons royaux ont-ils été exécutés pour donner à la Cour des monnaies, toujours jalouse de ses droits, une preuve surabondante de

FIG. 118.
ÉCU DU CARDINAL DE BOURBON, ROI DE LA LIGUE.

sa capacité. Son office l'obligeait à fournir au tailleur (graveur) des modèles en cire de toutes les effigies qui devaient être placées sur les monnaies.

« Nous avons de curieuses particularités sur cet usage. En 1590, la Ligue décida que l'on frapperait la monnaie française à l'effigie du cardinal de Bourbon, l'éphémère Charles X. Germain Pilon, qui fournissait les modèles, fit prévaloir l'idée de donner au concours la gravure des poinçons, concours qui eut lieu entre

Philippe Regnault, Nicolas Roussel et Pierre Mérigot.
Le premier remporta le prix, sa pièce est fort belle; les
habiles graveurs ne manquaient pas. Cette division
du travail nous donne le secret de l'anonymie de
toutes nos médailles frappées au balancier. Le sculpteur ne voulait pas permettre au graveur de signer le
modèle qu'il lui avait donné, et réciproquement. Elle
fut aussi la cause de l'amoindrissement du résultat, et
d'une sécheresse qu'il est facile de remarquer dans beaucoup de nos médailles. Les graveurs sont habiles, mais
l'originalité du modèle fourni par le sculpteur s'affai-
blissait sous leurs travaux. »

C'est au moment de la pacification de la France
après ses guerres civiles, par l'avènement de Henri IV
au trône, qu'apparaît enfin le plus grand des médailleurs français, Guillaume Dupré, qui reprend et continue par une longue suite d'œuvres admirables la tradition des médaillons de bronze coulés de l'Italie.
Très habile sculpteur, Guillaume Dupré occupa sous
Henri IV et Louis XIII, comme Germain Pilon sous
Henri III, la charge de contrôleur général des poinçons
en effigie pour les monnaies. Il nous a laissé dans ses
médaillons une galerie iconographique de son temps,
dont la beauté et l'intérêt égalent ceux des œuvres analogues de la Renaissance italienne. Personne n'a donné
au portrait numismatique un accent plus vivant et plus
vrai; personne n'y a mieux rendu la physionomie d'une
époque. A ce point de vue, notre Dupré peut être mis
sur le même rang que Pisanello. « Je le soupçonne, dit
pourtant M. Piot, d'avoir un peu flatté son époque;
c'était un moyen de lui plaire qui ne nous déplaît pas

FIG. 159.
HENRI IV ET MARIE DE MÉDICIS, MÉDAILLON
DE GUILLAUME DUPRÉ.

non plus. C'est par l'accent moderne, il ne faut pas
cesser de le répéter en présence de tant de monuments
anciens qui en portent témoignage, c'est par l'accent
moderne, par un très vif sentiment des choses et des

FIG. 140.

MÉDAILLE DE LOUIS XIII, PAR GUILLAUME DUPRÉ.

hommes de son temps, que l'artiste peut assurer à ses
œuvres ce double intérêt de l'utile et de l'agréable. S'il
trouve quelques défaillances dans ce qui l'entoure, il
peut toujours les raffermir et les relever par l'art. Si
dans une médaille, par exemple, la tête du personnage
ne répond pas à son besoin d'idéal, il lui reste le revers,

où il peut dans un petit espace faire entrer un véritable
chef-d'œuvre, comme l'a fait Guillaume Dupré dans
son élégante médaille de Louis XIII. »

Le succès éclatant de ce grand artiste, sa faveur à la

FIG. 140 *bis*.
MÉDAILLE DE LOUIS XIII, PAR GUILLAUME DUPRÉ.

cour, furent dus à la médaille qu'à l'âge de vingt-cinq
ans il composa en l'honneur de la naissance du dauphin, fils de Henri IV et de Marie de Médicis. Des
lettres patentes on ne peut plus élogieuses lui accor-
dèrent alors le droit exclusif de la fondre et de la mettre
en vente, ainsi que toute médaille qu'il composerait par

la suite, malgré les réclamations de la corporation des
orfèvres, qui revendiquait le privilège absolu des fontes
de ce genre. En effet, comme les maîtres italiens du
XVe siècle, Dupré ne voulait s'en remettre à personne
pour la délicate opération de la fonte de ses médailles.
Il les coulait lui-même, et c'est ainsi qu'il arrivait à une
netteté d'exécution si grande que parfois, en les exami-
nant, on se prend à douter si elles ne sortent pas plutôt de dessous le balancier du monnayeur que de l'étrier
du fondeur. De son temps la mode fut en France, comme
elle l'avait été en Italie, de faire exécuter son portrait
en forme de médaille. Tous les personnages considérables des règnes de Henri IV et de Louis XIII voulurent avoir le leur de la main de Dupré. Ses monnaies,
par leurs effigies, sont aussi les plus belles de la série
royale française; pourtant elles n'atteignent pas à la
hauteur de ses grandes médailles fondues. Le programme où il devait s'enfermer était plus ingrat, et
entre le modèle qu'il fournissait et la production des
exemplaires frappés intervenait une main étrangère,
celle du graveur, qui enlevait à l'œuvre une part de son
originalité personnelle.

Henri II avait institué en 1547, pour diriger les travaux des *tailleurs fieffés et héréditaires des monnoies de
France* et pour leur fournir les coins types qu'ils devraient reproduire dans les divers ateliers, un office de
tailleur général. Le premier titulaire de cette charge
avait été Marc Béchot, à qui l'on doit les monnaies de
Henri II, si supérieures sous le point de vue de l'art à
celles de François Ier. L'insuffisance du second des tailleurs généraux, Claude de Héry, avait été la principale

cause de l'institution de l'office plus élevé de *contrôleur général des effigies* en faveur de Germain Pilon. Du temps où Guillaume Dupré remplissait cette dernière charge, le tailleur ou graveur général était Nicolas Briot, qui n'était pas seulement un praticien d'une extrême habileté dans le travail matériel de la gravure, mais aussi un artiste de grand talent, capable de composer par sa propre inspiration, sans recevoir de modèle de personne, des médailles et des monnaies excellentes. Son nom est resté attaché à des perfectionnements importants du balancier monétaire et aux difficultés que l'adoption de cet engin rencontra en France.

Nous avons vu que les machines à frapper les médailles et monnaies avaient été inventées en Allemagne dans la première moitié du xvie siècle. Henri II, qui se préoccupait beaucoup des progrès et de la bonne qualité du monnayage, envoya un habile mécanicien français, du nom d'Aubin Olivier, pour étudier sur les lieux les nouveaux engins et les rapporter en France. Le résultat de cette mission fut l'établissement d'un atelier de fabrication mécanique, monté en 1550 dans le *Logis des Étuves*, à l'extrémité occidentale des jardins et de l'île du Palais à Paris. Aubin Olivier y était chargé de la direction du travail, et non seulement il appliquait les procédés des Allemands, mais il y ajoutait de son cru d'ingénieux perfectionnements. Ainsi ce fut lui qui inventa la *virole brisée*, permettant de canneler la tranche des pièces ou d'y imprimer des lettres soit en relief soit en creux. Henri II, protecteur déclaré de toutes ces innovations, fit frapper ses médailles, ses jetons et même une partie de ses monnaies dans le nouvel atelier, qui faisait concurrence à ceux des anciens monnayers officiels et privilégiés, dont la Cour des monnaies s'était naturellement constituée la protectrice. En 1585, Henri III, cédant aux sollicitations de cette Cour, décida que l'atelier des machines, dit *Monnaie au Moulin*, ne serait plus autorisé à frapper que des jetons, pièces de plaisir et médailles, mais que la fabrication des monnaies aurait lieu exclusivement dans les ateliers de la corporation des monnayers, par le moyen du marteau. Les frais occasionnés par le travail à la machine étaient, disait-on, trop considérables pour qu'on pût sans inconvénient exécuter de cette façon les espèces du numéraire circulant ; et en ceci il y avait une certaine part de vérité, dans l'état d'imperfection où était encore la mécanique.

Nicolas Briot avait tourné une portion considérable de l'activité de son esprit inventif et ingénieux vers la recherche des améliorations à introduire dans les machines du monnayage mécanique, dont il était l'apôtre convaincu et qu'il voulait substituer aux anciennes méthodes. Il réussit à perfectionner si bien le balancier qu'on l'a regardé souvent comme en étant l'inventeur. Grâce à ses innovations, il diminuait considérablement les frais de fabrication, en obtenant une production plus abondante et plus rapide et une plus grande égalité entre les différents exemplaires obtenus avec les mêmes coins. Pour les médailles, qui doivent être avant tout une œuvre d'art, la frappe mécanique au moyen de puissants engins a dans les résultats qu'elle donne des inconvénients considérables, qui compensent et au delà ses avantages et sur lesquels nous reviendrons tout à l'heure. Mais, quand il s'agit de produire les monnaies de circulation, où l'économie, la promptitude des opérations et l'uniformité des produits sont les premiers besoins, la fabrication à la machine avait une supériorité qui aurait dû frapper même les esprits les plus récalcitrants aux innovations. Mais les ennemis de Briot, soutenus par la puissance de la routine, toujours si difficile à vaincre, s'attachèrent à dis-

FIG. 141. — MONNAIE DE LA RÉPUBLIQUE D'ANGLETERRE.

créditer les perfectionnements qu'il proposait et à soutenir, malgré des épreuves authentiques, que la fabrication des monnaies au marteau (dans ce débat il ne s'agissait pas des médailles) était de toute manière bien préférable à celle que l'on obtenait par l'emploi du laminoir, du coupoir et du balancier. Briot, découragé par l'opposition qu'il rencontrait parmi les monnayers privilégiés et même parmi les membres de la Cour des monnaies, ruiné par ses essais mécaniques, traqué par ses créanciers, passa en Angleterre, où ses procédés

furent adoptés. On lui installa dans la Tour de Londres
l'atelier où il fabriqua les dernières monnaies de
Charles Ier et celles de la République.

Presque immédiatement après l'insuccès des efforts
de Nicolas Briot, Jean Warin reprit la même entre-

FIG. 142. — ANNE D'AUTRICHE ET LOUIS XIV ENFANT,
MÉDAILLE FRAPPÉE DE WARIN.

prise. Après Guillaume Dupré, Warin, natif de Sedan,
fut le plus grand médailleur et graveur en monnaies
du XVIIe siècle. Il était à la fois sculpteur, graveur et
mécanicien. Venu à Paris, il se fit distinguer du cardinal de Richelieu, obtint sa toute-puissante protection
et fut fait successivement « maître-ouvrier garde et conducteur du Balancier du Louvre » (c'était l'ancienne

« Monnoie au Moulin » transférée au rez-de-chaussée
de la grande galerie du Louvre) en 1628, graveur général des monnaies en 1646 et contrôleur général des effigies en 1648. Tout en gravant avec une fécondité iné-
puisable ses médailles et monnaies aux effigies de

FIG. 142 bis. — ANNE D'AUTRICHE ET LOUIS XIV ENFANT,
MÉDAILLE FRAPPÉE DE WARIN.

Louis XIII et de Louis XIV enfant, tout en modelant de
nombreux médaillons dans la manière de Dupré, il
réorganisa l'ancien Moulin, en perfectionna et en augmenta l'outillage, installa un matériel semblable à Lyon,
et conduisit avec un plein succès, de 1636 à 1648, les
grandes refontes des monnaies d'or et d'argent. Warin
poursuivait avec persévérance la tâche qu'il s'était tra-

cée, de rendre à la fabrication mécanique le rôle qui
lui avait été assigné par Henri II et de mettre fin au
monnayage au marteau, rétabli en 1585.

FIG. 141.
LE MARÉCHAL DE VILLEROI, MÉDAILLON COULÉ DE WARIN.

Le chancelier Séguier parvint à triompher des mauvais vouloirs et des oppositions. Il obtint de Louis XIII,
en 1640, une déclaration ordonnant que les *louis* qui

allaient être fabriqués le seraient au moyen du balancier et qu'il en serait également fabriqué au marteau, lorsque les ouvriers pourraient, par ce dernier procédé, obtenir des résultats aussi satisfaisants. L'année suivante, l'emploi du balancier fut appliqué aux monnaies d'argent. Enfin, en 1645, la frappe au marteau fut définitivement interdite. La Cour des monnaies dut céder sur ce point, mais elle se vengea en empêchant l'exécution de la partie de l'ordonnance royale qui commandait de remettre aux mains de Warin toute la fabrication monétaire de Paris, ce qui entraînait virtuellement la réunion des ateliers des médailles et des monnaies. On organisa dans l'« ancienne Monnoie » un outillage mécanique complet, en la maintenant dans une indépendance absolue du « Balancier du Louvre », auquel on parvint de nouveau à faire interdire en 1660 toute fabri-

FIG. 144
ÉCU DE LOUIS XIV

cation de monnaies destinées à la circulation. C'est ainsi que la distinction de la « Monnaie des médailles » et de la « Monnaie des espèces » se maintint jusqu'à la chute de l'ancien régime. On prétend que Warin mourut, en 1672, empoisonné par quelques-uns des ennemis qu'il s'était suscités dans la nombreuse et puissante corporation des monnayers.

La dernière partie du XVIIe siècle fut marquée par la grande entreprise de la suite des médailles historiques du règne de Louis XIV, entreprise sans précédents comme étendue et comme conception d'ensemble, la plus vaste qu'aucun gouvernement ait réalisée, dans cet ordre d'œuvres d'art, pour éterniser le souvenir des événements. Bien que marquée des défauts du goût pompeux et rondant de l'époque, cette suite est encore fort

FIG. 143

UNE DES MÉDAILLES DE LA SUITE
HISTORIQUE DE LOUIS XIV,
GRAVÉE PAR MAUGER.

remarquable et constitue un des titres d'honneur de l'art
monétaire français. On sait que c'est l'entreprise des
médailles de Louis XIV qui donna naissance à l'Aca-
démie des Inscriptions; elle eut d'abord pour mission
d'en composer les légendes et de fournir les lumières
de l'érudition pour la bonne composition des types.

Ce fut alors dans la gravure des monnaies et médailles le règne de la dynastie des Roettiers, d'origine
flamande, qui fournit successivement quatre graveurs
généraux, de 1682 à 1772. Le premier des quatre,
Joseph Roettiers, né à Gand ou à Anvers, était graveur
de la Monnaie de Londres, avec ses frères Jean et Philippe, lorsque Louis XIV le prit à son service. Un
nouveau progrès mécanique marqua aussi la fin du
XVIIe siècle. En 1685, l'ingénieur Castaing trouva le
moyen de marquer la tranche d'un seul coup, et en
même temps que les deux faces de la pièce.

Les médailles du règne de Louis XIV étaient déjà
sensiblement inférieures à celles de la période où flo-
rissait Warin. La décadence de l'art des graveurs s'ac-
centua décidément sous la Régence et se prononça
davantage encore sous Louis XV. La dynastie des Roettiers dégénérait complètement, et le meilleur graveur de
l'époque fut Jean Duvivier. Son fils, Benjamin Duvivier, qui exerça les fonctions de graveur général au
temps de Louis XVI, releva quelque temps son art. Il
fut révoqué en 1791.

La Révolution ferma la Monnaie des médailles;
mais, sur les indications du peintre Louis David, elle
sut faire un choix excellent pour la composition et la
gravure de ses espèces, en nommant graveur général

Augustin Dupré. C'est à lui que sont dues les belles monnaies de la République, dont la pièce de cinq francs, dite à *l'Hercule*, reste la meilleure production qui ait

FIG. 146
MÉDAILLE DE LOUIS XIV, GRAVÉE PAR JOSEPH ROETTIERS.

apparu depuis plus d'un siècle dans le domaine du numéraire courant. La tournure en est superbe, le type bien composé et grandiose.

Malgré son rare talent, Augustin Dupré fut destitué des fonctions de graveur général par le premier Consul,

qui lui substitua Pierre-Joseph Tiolier, bien inférieur.
Napoléon rétablit en même temps l'atelier des médailles,
en le mettant à la charge de sa liste civile, et le fit trans-

FIG. 147 *bis.*
MÉDAILLE DE LOUIS XIV, GRAVÉE PAR JOSEPH ROETTIERS.

férer des galeries du Louvre dans les bâtiments dépen-
dant de l'Hôtel des Monnaies, où il se trouve encore
aujourd'hui. La Restauration le maintint dans les attri-
butions de la maison du roi ; mais depuis 1830 la fabrication des médailles et des jetons, restée toujours à l'état

de privilège, n'est plus qu'une entreprise exploitée, sous
le contrôle de la Commission des monnaies et médailles,
par le directeur de la fabrication près la Monnaie de Paris,

FIG. 142.
MÉDAILLE DE LA NAISSANCE DU DAUPHIN, FILS DE LOUIS XVI,
PAR BENJAMIN DUVIVIER.

Le balancier de la frappe monétaire fut perfectionné
au point de vue mécanique, sous Napoléon, par Gen-
gembre et Saunier. En 1845, l'outillage fut renouvelé.
On adopta une nouvelle machine, dite improprement

en France *presse Thonnelier*, mais dans la réalité inventée en Allemagne par D. Uhlhorn, mécanicien à Gro-
venbroich, près Cologne.

FIG. 147 BIS.

MÉDAILLE DE LA NAISSANCE DU DAUPHIN, FILS DE LOUIS XVI,
PAR BENJAMIN DUVIVIER.

En dehors des graveurs généraux, dont la liste
depuis l'établissement de l'office sera donnée dans un
des Appendices de ce volume, les principaux artistes qui
ont travaillé dans ce siècle à la gravure et à la compo-

20

sition des médailles, comme Molard, Manger, Bernard,
Chéron, Ferdinand de Saint-Urbain, Dumarest et Droz,
au xviiie siècle, ont été MM. Andrieux, Gatteaux, Bre-
net, Dépaulis, Montagny, Domard, Gayrard, Oudiné,
Chaplin. En dépit du très réel mérite de plusieurs
d'entre eux, on est obligé de reconnaître que leur art
n'a pas retrouvé l'éclat qu'il avait eu dans notre pays

FIG. 148.
PIÈCE DE CINQ FRANCS DITE A L'HERCULE.
PAR AUGUSTIN DUPRÉ.

au xviiie siècle. Il appelle et attend une rénovation. La
médaille ne tient pas dans nos mœurs, comme manifestation extérieure et populaire de l'art, la place qu'elle
pourrait facilement y reprendre, si la gravure retrouvait
son mérite d'autrefois et si ses productions étaient
mieux dirigées, de manière à s'associer à la vie de
chaque jour. On frappe chaque année des médailles en
grande quantité. Les gouvernements en font faire
pour commémorer les événements et consacrer le

souvenir des travaux publics considérables exécutés sous leurs auspices. Les sociétés académiques et commerciales, les particuliers eux-mêmes en commandent aux ateliers de l'État. Mais cette fabrication continuelle de pièces le plus souvent trop médiocres n'est, dans la majeure partie des cas, qu'une sorte de spéculation, un moyen de publicité; elle ne peut donc exciter aucun intérêt et passe inaperçue du public.

Les monnaies officielles elles-mêmes, dans leur froideur prétentieuse, ne sont plus destinées à être qu'un bien faible auxiliaire pour l'histoire. Celle-ci leur préférera de beaucoup, dans l'avenir, les pièces grossièrement gravées qui constituent une véritable numismatique populaire et ont été pour la plupart frappées clandestinement dans les moments de troubles. Elles sont curieuses et méritent une place dans les collections, parce qu'elles ont la valeur d'un pamphlet politique et parce qu'elles deviennent très rares en peu de temps. Depuis 1789, on en a beaucoup émis; celles de la grande Révolution et de 1848 forment des séries considérables. Antérieurement, pendant les guerres de la Ligue, il y en avait eu également un assez grand nombre en circulation. Seulement il faut bien se garder d'admettre à ce titre de prétendues médailles populaires, composées et fabriquées après coup dans un simple but de spéculation; ces pastiches, qui n'émanent pas directement d'un sentiment politique sincère, sont les produits de l'imagination de quelques industriels, et ils n'ont pas plus de valeur que les prophéties inventées après les événements auxquels ils font allusion.

Quant aux monnaies, celles de notre siècle offrent
aussi peu d'intérêt que possible et sont déplorablement
médiocres au point de vue de l'art. Le premier Empire
n'y avait trouvé place que pour la tête du souverain et
l'indication de la valeur de la pièce avec sa date. La
Restauration reprit l'ancien système de Louis XIV, en
replaçant sur le revers les armes de France; mais elle ne

FIG. 147.
PIÈCE DE CINQ FRANCS DE NAPOLÉON Iᵉʳ, PAR TIOLIER.

sut pas atteindre à la perfection du burin du XVIIIᵉ siècle.
La révolution de Juillet supprima cet écusson pour
reprendre le système adopté par Napoléon, et, depuis
lors, sauf de 1859 à 1870, on n'a su remplir le revers
que par une grosse inscription qui dit le nombre de
francs contenu dans la valeur courante de la pièce,
inscription qui ne demanderait pas une place aussi
développée et dont la substitution à un type figuré
dénote un défaut de goût esthétique et une impuissance

d'imagination qui ont quelque chose de honteux pour notre époque. Il est vrai que la tentative du second Empire de mettre un type sur le revers, dans les pièces *au manteau impérial*, avait été, sous le rapport de l'art, aussi peu réussie que possible.

Du reste, la manière dont on a conçu les revers dans tout le monnayage moderne, depuis le XVIe siècle, n'a plus permis aux graveurs de donner quelque intérêt aux monnaies que par la beauté, la ressemblance et le caractère vivant des effigies. Quand notre siècle et ceux qui l'ont immédiatement précédé seront devenus à leur tour l'antiquité, la numismatique sera une science singulièrement stérile et de bien peu d'intérêt. On ne trouvera à y apprendre que quelques dates absolument sèches et ce que valait chaque pièce. Pourra-t-il même y avoir des amateurs qui se décident à remplir leurs cartons de longues suites de monnaies absolument uniformes, d'une désespérante monotonie, que ne relève pas un mérite d'art sérieux ? La distinction qui s'est établie entre les médailles et les monnaies se justifiait quand la médaille était une œuvre d'art libre, personnelle et vivante, d'une nature à part, comme celles des grands artistes italiens de la Renaissance. Du moment où l'on est revenu aux médailles frappées, d'un caractère exclusivement officiel, cette distinction a été également ment funeste aux médailles et aux monnaies. Les sociétés et les gouvernements des siècles modernes n'ont pas su comprendre quel admirable moyen d'instruction populaire et patriotique, ainsi que de propagation du goût des arts dans les masses, pouvait fournir la monnaie à types variés, telle que les anciens l'avaient conçue et réalisée.

Le monnayage antique avait pour résultat de populariser l'histoire et les traditions de la nation ou de la cité, en gravant sur la monnaie courante des types simples d'un travail irréprochable, qui faisaient presque machinalement connaître à chacun les grands faits historiques, les anciennes légendes mythologiques, les traits des hommes illustres, et qui communiquaient à tous l'habitude et le goût du beau : car la monnaie passe dans les mains de tous et pénètre partout en se mêlant aux nécessités de la vie quotidienne. Au lieu de cela, que peuvent apprendre nos espèces modernes ? et quel enseignement esthétique peuvent-elles donner ?

CHAPITRE V

L'infériorité de l'art monétaire moderne comparé à celui de l'antiquité ne tient pas seulement à l'impuissance où se sont trouvés les artistes d'atteindre au même degré de perfection plastique que les anciens. La différence des procédés matériels y a une très grande part.

On cherche avant tout, dans la monnaie moderne, à ce que le flan qui reçoit les empreintes constitue un disque d'une régularité parfaite, aplati également sur toutes les parties de ses deux faces, de telle manière que les pièces puissent facilement se réunir et se conserver en piles. C'est, en effet, une grande commodité pour la conservation de l'argent dans un coffre-fort et une sérieuse garantie contre des soustractions frauduleuses ; car il suffit d'un simple coup d'œil pour s'assurer qu'une pile de monnaies n'a pas diminué de hauteur, tandis qu'il fallait compter pièce à pièce ou recourir à la balance pour vérifier si rien n'avait été enlevé à un group composé de monnaies d'une forme irrégulière et renferme dans un sac. En outre, le numéraire moderne, avec ses bords mathématiquement réguliers et son épaisseur partout égale, ne permet pas à l'improbité de diminuer le métal par le limage, opération qui s'exécutait avec la plus grande facilité sur les monnaies antiques et dont il n'était possible de s'apercevoir qu'en pesant les pièces. Il y a donc eu des raisons décisives et de véritable utilité pour adopter et conserver cette forme dans le numéraire destiné à la circulation, bien qu'elle soit fort défavorable à l'art, en obligeant le graveur à donner aux types un relief trop affaibli, qui ne fasse pas obstacle à la faculté d'empilement des monnaies.

Au reste, ces reliefs affaiblis conviennent seuls à une pièce en forme de disque plan, et il n'est rien de plus désagréable comme effet que les médailles qui se frappent aujourd'hui pour conserver la mémoire des événements importants, avec leurs types fortement en saillie sur un champ absolument plat. Tout autre est l'aspect des monnaies antiques de forte dimension, des *pentëkonta-litra* de Syracuse, par exemple, avec leur belle forme lenticulaire, renflée au centre et amincie aux bords, dans laquelle se reconnaît si bien le merveilleux sentiment de convenance des artistes grecs. La saillie du flan ajoute à la valeur de la partie centrale du type, que le graveur a conçue pour appeler avant tout le regard, tandis que le champ va graduellement en s'effaçant vers les extrémités et n'a plus ainsi cette importance qui, dans nos médailles modernes, écrase le type. C'est surtout dans la tête décorant le côté principal des monnaies que la supériorité de la forme lenticulaire éclate d'une

manière frappante; on y gagne une variété dans les
plans, une fermeté et une puissance dans le modelé, une
finesse dans les contours, fuyants et arrêtés à la fois
comme les donne la nature, que l'on ne parviendrait pas
à atteindre avec le système moderne. On sent circuler
l'air et la vie, et le type monétaire arrive à égaler les
plus belles œuvres de la sculpture, tandis que les effigies
de nos monnaies sont plates et sans relief, et celles des
médailles, plus relevées, semblent plaquées maladroi-
tement sur le flan d'une épaisseur uniforme qui les
supporte. La donnée d'un disque plan est réclamée par
les raisons d'utilité que nous exposions tout à l'heure
pour les espèces du numéraire circulant, mais aucune
nécessité ne la justifie pour les médailles, qui ne sont
pas destinées à être mises en piles et que leur trop fort
relief y rendrait tout à fait impropres. On est donc en
droit de se demander pourquoi le sentiment du goût ne
les fait pas ramener aux formes constantes de la numismatique des anciens, aux formes qu'avaient presque
exactement renouvelées les médailleurs italiens du
XVe siècle.

Mais c'est ici qu'intervient la différence des procédés
de fabrication. La monnaie antique était frappée au
marteau ; les monnaies et les médailles modernes ont
été frappées par des moyens mécaniques d'une grande
puissance, d'abord avec le balancier, puis de nos jours
avec la presse à vapeur. L'emploi de ces machines
a produit une économie importante et une augmenta-
tion considérable de rapidité dans la fabrication; il est
donc naturel et juste qu'on les ait adoptées, à l'exclusion d'un procédé plus imparfait sous ces deux rapports.

pour la monnaie proprement dite. Mais l'art y a perdu,
comme il perd presque toujours à l'emploi des machines. Le marteau, frappant moins rudement que le
balancier ou la presse, n'écrasait pas le flan de la même
manière et permettait ainsi d'éviter la dureté et la
sécheresse des contours que l'on remarque dans
toutes nos monnaies et médailles, mais qui est inconnue
à la numismatique de l'antiquité. Le marteau, manié

FIG. 150.
MONNAIE D'OR DE CROMWELL, PAR NICOLAS BRIOT.

par un ouvrier habile, était d'ailleurs un instrument
aussi intelligent, aussi obéissant à la volonté que le
ciseau du sculpteur; le monétaire pouvait régler la
force de son coup comme il l'entendait, le rendre plus
ou moins violent, selon que l'exigeait la nature du coin
dont il avait à produire l'empreinte. Il lui était facile
de calculer les choses de manière à faire porter inégale-
ment la principale vigueur de la frappe sur les différents points de la surface du flan, de manière à donner
plus de saillie et plus de valeur à certaines parties du

type. Au contraire, l'effet des machines ne saurait se régler de la même façon; il ne connaît pas ces nuances délicates qui sont si importantes dans les œuvres de l'art; il frappe avec la violence, avec la régularité uniforme et brutale d'une force inconsciente.

L'invention du balancier, si précieuse pour la fabrication des monnaies courantes, dont il faut produire le plus grand nombre dans le temps le plus court et au meilleur marché possible, marque, au point de vue de l'art, une date funeste dans la numismatique moderne. On peut en observer les effets immédiats dans les séries monétaires de presque tous les pays de l'Europe; mais nulle part ils ne sont marqués d'une manière plus frappante que dans les espèces de la République d'Angleterre, sous Cromwell. La pièce d'or, dont le coin a été gravé par Briot, a été fabriquée au marteau, malgré la prédilection du graveur pour le moyen mécanique, et elle peut être considérée comme le plus beau produit de l'art des monnaies dans les siècles modernes. La monnaie d'argent a été gravée par Blondeau, les coins en sont presque aussi beaux que ceux de l'or; mais elle a été frappée au balancier, et cette circonstance seule suffit pour qu'elle ne puisse pas supporter la comparaison. Après l'invention du balancier, celle du bélier hydraulique, perfectionnement incontestable au point de vue matériel, en ajoutant à la régularité, à l'économie et à la rapidité de la fabrication, a marqué une nouvelle phase de décadence pour l'art. Il suffit de comparer une des médailles du règne de Louis XIV avec une de celles que la monnaie de Paris frappe aujourd'hui, pour juger de la différence des résultats des deux pro-

cédés. Et si l'on veut faire porter le parallèle sur des
espèces destinées à la circulation, combien les pièces de
cinq francs à l'Hercule, de la première République
française, encore fabriquées au balancier, ne sont-elles
pas supérieures sous tous les rapports, je ne dis pas
aux monnaies de l'empereur Napoléon III (ce qu'il y a
de plus indulgent à faire est de n'en pas parler), mais à
celles de la République de 1848, dont les coins ont été

FIG. 151.
MONNAIE DE LA SECONDE RÉPUBLIQUE FRANÇAISE
PAR OUDINÉ.

repris par la troisième et qui sont les plus élégantes
monnaies que l'on ait produites en Europe dans les
cinquante dernières années.

Les raisons qui imposent l'emploi des moyens mécaniques pour la fabrication du numéraire circulant n'ont
aucune valeur lorsqu'il s'agit des médailles. Comme on
n'en frappe qu'un petit nombre d'exemplaires, l'économie est nulle ou presque nulle; et quant à la rapidité plus grande, c'est un cas où l'on peut dire justement que « le temps ne fait rien à l'affaire ». Pourquoi

donc s'obstine-t-on à employer dans leur fabrication un procédé dont les effets ne sont point heureux sous le rapport de l'art, au lieu de revenir au système qui a donné de si beaux résultats dans l'antiquité? L'épreuve mérite au moins d'être tentée, et je suis sûr d'avance que les résultats en seraient assez heureux pour prouver la nécessité de substituer à l'emploi de la presse à vapeur et des disques de métal absolument plans celui du marteau, ainsi que d'une lentille métallique renflée au centre et amincie vers les bords, toutes les fois que l'on voudrait obtenir une véritable œuvre d'art, digne de passer à la postérité pour y transmettre le souvenir des événements mémorables de notre temps. Déjà, du reste, au point de vue de la conception des reliefs du type et de la forme lenticulaire du flan métallique, on peut saluer avec satisfaction chez nos jeunes artistes l'aurore d'un mouvement de retour aux vrais principes, trop longtemps oubliés. A ce point de vue il y aurait injustice à ne pas signaler au moins comme un heureux exemple l'exellente médaille commémorative du *Vœu de l'église du Sacré-Cœur*, par M. Chapu, dans laquelle cet éminent artiste s'est rapproché plus qu'aucun autre contemporain de l'accent des grands médailleurs du XVᵉ siècle.

APPENDICE PREMIER

LISTE DES MÉDAILLEURS ITALIENS DES XVe ET XVIe SIÈCLES
DONT ON POSSÈDE DES ŒUVRES SIGNÉES

VITTORIO PISANO, dit PISANELLO, de Vérone, peintre, 1380-1456.

NICCOLO, peut-être NICCOLO BARONCELLI, de Florence, sculpteur, travaillait entre 1443 et 1453.

AMADIO D'ANTONIO, de Milan, orfèvre, travaillait de 1445 à 1483.

MATTEO DE' PASTI, de Vérone, peintre, sculpteur et architecte; la plupart de ses médailles sont datées de 1446.

ANTONIO AVERLINO, dit FILARETO, de Florence, architecte et sculpteur, 1400-1469.

PAOLO DI RAGUSA, de Raguse, travaillait vers 1451.

PIETRO DA FANO, de Fano, travaillait vers 1452.

ANTONIO MARESCOTTI, de Ferrare, sculpteur; les dates de ses médailles sont de 1446 à 1461.

CRISTOFORO GEREMIA, de Mantoue, sculpteur; travaillait entre 1455 et 1468.

JACOPO LIXIGNOLO, de Ferrare, travaillait en 1460.

PETRECINI, de Florence, travaillait en 1460.

M. GUIDIZANI, de Venise, travaillait vers 1460.

GIOVANNI BOLDU, de Venise, peintre; les dates de ses médailles sont comprises entre 1457 et 1466.

PIETRO DA MILANO, de Milan, orfèvre, travaillait de 1461 à 1483.

FRANCESCO LAURANA, patrie inconnue, sculpteur; les dates de ses médailles sont de 1461 à 1466.

GIANFRANCESCO ENZOLA, dit PARMESE, de Parme, travaillait de 1456 à 1475.

ANTONELLO, de Venise, travaillait vers 1465.

VELLANO, de Padoue, sculpteur, travaillait de 1465 à 1492.

CLEMENTE DA URBINO, d'Urbino, travaillait en 1468.

ANDREA GUAZZALOTTI, de Prato, 1435-1495.

LODOVICO DA FOLIGNO, établi à Ferrare, travaillait en 1468 et 1471.

BALDASSARE ESTENSE, de Reggio d'Emilia, peintre, travaillait en 1472.

CORADINI, de Modène, travaillait en 1472.

FRANCESCO MARTINI, dit DI GIORGIO, de Sienne, peintre, sculpteur et architecte, 1439-1502.

LISIPPO, de Mantoue, travaillait
vers 1475.

BERNARDI, patrie inconnue, travaillait en 1477.

ANTONIO DEL POLLAJUOLO, de Florence, peintre, sculpteur et orfèvre, 1429-1498.

ELIA DA GENOVA, de Gênes, travaillait en 1480.

PIER JACOPO ILARIO dit L'ANTICO,
de Mantoue, sculpteur, travaillait
vers 1480.

SPERANDIO, de Mantoue, travaillait
entre 1472 et 1495.

BERTOLDO et GIOVANNI, de Florence, sculpteur, travaillait entre
1480 et 1492.

GENTILE BELLINI, de Venise, peintre, 1426-1507.

COSTANZO, patrie inconnue, travaillait en 1481.

MELIOLI, de Mantoue, orfèvre, travaillait de 1474 à 1488.

GIANFRANCESCO RUBERTO, patrie inconnue, travaillait vers 1484.

BARTOLO TALPA, patrie inconnue,
travaillait vers 1489.

NICCOLO DI FORZORE SPINELLI, dit
NICCOLO FIORENTINO, de Florence, 1430-1499.

FRA ANTONIO, de Brescia, travaillait entre 1487 et 1500.

FRANCESCO RAIBOLINI, dit FRANCIA,
de Bologne, peintre, 1450-1518.

AMBROGIO DELLA ROBBIA, de Florence, sculpteur, travaillait vers
1496.

GIOVANNI DI LORENZO DI PIETRO
DELLE OPERE, dit GIOVANNI DELLE
CORNIOLE, de Florence, graveur
en pierres fines, 1470-1516.

CANDIDO, patrie inconnue, travaillait vers la fin du XVe siècle.

AMBROGIO FOPPA, dit CARADOSSO,
de Mondonico près Côme, orfèvre, travaillait vers 1500.

GIOVANNI GUIDO AGRIPPA, patrie
inconnue, travaillait en 1501.

VITTORE GAMBELLO, dit CAMELIO,
de Venise, sculpteur et joaillier,
travaillait de 1484 à 1527.

ERMETE FLAVIO, patrie inconnue,
travaillait au début du XVIe siècle.

ANDREA BRIOSCO, dit RICCIO, de
Padoue, sculpteur et orfèvre,
1470-1532.

FRANCESCO MARIO TEPELLI, patrie
inconnue, travaillait dans le premier quart du XVIe siècle.

FRANCESCO CAROTO, de Vérone,
peintre, 1470-1546.

GIOVANNI MAZZINGHI, dit MEA, de
Florence, peintre, travaillait au
début du XVIe siècle.

GIOVAN MARIA POMEDELLO, de Vérone, peintre, graveur et orfèvre,
travaillait entre 1519 et 1527.

ALFONSO CITTADELLA, dit LOMBAR-
DI, de Ferrare, sculpteur, travaillait de 1519 à 1529.

GIULIO DELLA TORRE, de Vérone,
jurisconsulte, travaillait vers 1527.

VALERIO BELLI, dit VICENTINO, de
Vicence, graveur en pierres fines,
1468-1546.

GIOVANNI BERNARDI, de Castelbo-
lognese, graveur en pierres fines,
1496-1553.

GIOVANMARIA MOSCA, dit PADOVA-
NO, de Padoue, sculpteur, établi
en Pologne, travaillait de 1532 à
1571.

FRANCESCO DI GIROLAMO DA PRA-
TO, de Prato, peintre, sculpteur
et orfèvre, travaillait vers 1535.

NICCOLO CAVALLERINO, de Modène,
sculpteur et orfèvre, travaillait
vers 1535.

GIOVANNI ZACCHI, de Volterra,
sculpteur, travaillait en 1536.

DOMENICO DI POLO, dit DE' VETRI,

de Florence, graveur en pierres fines, travaillait en 1537.

Benedetto Ramelli, de Ferrare, orfèvre, travaillait à Lyon en 1537.

Benvenuto Cellini, de Florence, orfèvre et sculpteur, 1500-1571.

Antonio Vicentino, de Vicence, travaillait dans le second quart du XVIe siècle.

Matteo del Nassaro, de Vérone, peintre, orfèvre et graveur en pierres fines, travaillait à Paris en 1529.

Giovanni Jacopo Caraglio, de Vérone, architecte et graveur, travaillait vers 1540.

Andrea Spinelli, de Venise, travaillait de 1523 à 1572.

Francesco da Sangallo, de Florence, architecte et sculpteur, 1494-1576.

Domenico Veneziano, de Venise, travaillait en Pologne en 1548.

Arsenio, patrie inconnue, travaillait au milieu du XVIe siècle.

Leone Leoni, d'Arezzo, sculpteur et orfèvre, 1510-1592.

Alessandro Cesati, dit il Grechetto, de Cypre, graveur en pierres fines, travaillait de 1538 à 1562.

Cesare de Bagno, de Bagno en Toscane, graveur en pierres fines, travaillait vers 1550.

Annibale Borgognone (?), de Trente, fondeur, travaillait vers 1550.

Gianbattista Caselli, de Crémone, sculpteur, travaillait de 1529 à 1551.

Giovanni Cavino, dit le Padouan, de Padoue, 1500-1570.

Jacopo da Urbino, d'Urbino, travaillait en 1554.

Antonio Abondio, de Milan, sculpteur, travaillait vers 1555.

Bartolomeo Campi, patrie inconnue, travaillait vers 1555.

Pastorino di Giovan-Michele de Pastorini, de Sienne, peintre et verrier, 1508-1592.

Marco Arco, patrie inconnue, travaillait en 1560.

Simone Pallante, patrie inconnue, travaillait en 1560.

Andrea Cambi, dit Bombarda, de Crémone, sculpteur et orfèvre, travaillait en 1560.

Alfonso Ruspagiari, de Reggio d'Emilia, travaillait vers 1560.

Giangiacomo Bonzagna, de Parme, orfèvre, 1508-1565.

Mario, patrie inconnue, travaillait vers 1560.

Gianfederigo Bonzagna, dit Parmense, de Parme, sculpteur et orfèvre, travaillait de 1561 à 1575.

Pietro Paolo Galeotti, dit Romano, de Rome, orfèvre, travaillait de 1552 à 1570.

Ascanio, de Tagliacozzo, orfèvre, travaillait en France de 1545 à 1566.

Gianpaolo Poggini, de Florence, orfèvre et graveur en pierres fines, 1518-1582.

Jacopo da Trezzo, de Trezzo dans le Milanais, sculpteur et graveur en pierres fines, travaillait en Espagne de 1552 à 1578.

Giovanni Antonio Rossi, de Milan, graveur en pierres fines, travaillait entre 1555 et 1574.

Martino da Bergamo, de Bergame, travaillait vers 1565.

Alessandro Vittoria, de Trente, sculpteur, 1525-1608.

Pompeo Leoni, fils de Leone Leoni, sculpteur, travaillait en Espagne de 1558 à 1592.

Lodovico Leoni, de Padoue, peintre, modeleur et graveur, 1531-1606.

ANNIBALE FONTANA, de Milan, sculpteur, orfèvre et graveur en pierres fines, 1540-1587.

DOMENICO POGGINI, de Florence, sculpteur et orfèvre, travaillait entre 1552 et 1590.

ANTEO, patrie inconnue, travaillait en 1572.

GIOVANNI V. MELONE, patrie inconnue, travaillait de 1571 à 1579.

ANTONIO ANONIMO le jeune, de Milan, peintre et sculpteur, 1538-1591.

ANTEO, de Mantoue, *intarsiatore*, travaillait en 1578.

JACOPO PRIMAVERA, patrie inconnue, travaillait en France entre 1580 et 1585.

LORENZO FRAGNI, dit **PARMESE**, de Parme, orfèvre, travaillait de 1571 à 1586.

MARIO CAPOCACCIA, d'Ancône, travaillait en 1581.

MICHELE MAZZA, patrie inconnue, travaillait de 1577 à 1592.

ANTONIO CANTILENA, patrie inconnue, travaillait vers 1585.

NICCOLO BONIS, patrie inconnue, travaillait de 1582 à 1592.

GIULIANO, patrie inconnue, travaillait en 1586.

GIOVANNI VINCENZO CALAMAZZA, patrie inconnue, travaillait en 1587.

AJAZZO, patrie inconnue, travaillait en 1588.

G. PALADINO, patrie inconnue, travaillait à la fin du XVIe siècle.

GIAMBATTISTA POZZI, de Milan, travaillait à la fin du XVIe siècle.

EMILIO BONIS, patrie inconnue, travaillait de 1590 à 1600.

ANTONIO CASONI, d'Ancône, peintre, travaillait en 1598.

GAL. CAMEO, patrie inconnue, travaillait entre 1596 et 1599.

GIORGIO RANC, de Florence, travaillait de 1591 à 1604.

APPENDICE II

MÉDAILLEURS ET GRAVEURS MONÉTAIRES FRANÇAIS
DEPUIS LA RENAISSANCE

A

GRAVEURS EN MÉDAILLES DU XVIᵉ SIÈCLE
SANS TITRE OFFICIEL

Guillaume Demoy, 1523.
François Demoy, 1532.
Jean Esmery, 1526.
Josué Ballay, 1526-1532.
François Lallemant, 1531.
Germain Guiton, 1531 et 1533.
Pierre Picard, 1531 et 1533.
Rolland Daniel, 1531 et 1533.
Nicolas Esmery, 1531-1553.
Guillaume Ferret, 1516-1556.
Jehan Lemay, 1539-1550.
Adam Pasquier, 1551.
Pierre Huoyn, 1558-1564.
Pierre Milan, 1550.
Jehan Acheson (Écossais), 1553.
Jacques Béguin, 1556.
Etienne Merigot, 1558.
Jehan de Monceau, 1560.
Jehan Adam, 1565.
Pasquier Feuret, 1560.
Jehan Cousin, 1534-1568.
Bonaventure Cousin, 1568.
Guillaume Martin, 1558-1590 (graveur général de la reine de Navarre, Jeanne d'Albret).
Nicolas de Villiers, 1571-1582.
Pierre Mérigot, 1569-1590.
Gabriel Carlier, 1582.
Jehan Auger, 1582.
Olivier Codorré, 1582.
Jacques Hablau, 1582.
Alexandre Ollivier, 1582.
Philippe Regnault, 1582-1590.
André Bernard, 1582.

B

CONTROLEURS GÉNÉRAUX DES EFFIGIES

1. Germain Pilon, 1572-1590.
2. Gervais Pilon, 1593-1595.
3. Philippe Danfric, 1596-1604.
4. Jean Pilon, 1604-1617.
5. Guillaume Dupré, 1604-1639.
6. Abraham Dupré, 1639-1647.
7. Jean Warin, 1648-1672.

C

GRAVEURS GÉNÉRAUX DES MONNAIES DE FRANCE

1. Marc Béchot, 1547-1557.
2. Claude de Héry, 1557-1582.
3. Philippe Danfrie, l'ancien, 1582-1599.
4. Philippe Danfrie, le jeune, 1599-1604.
5. Nicolas Briot, 1605-1625.
6. Pierre Régnier, 1625-1630.
7. Jean Darmand, dit l'Orphelin, 1632-1646.
8. Jean Warin, 1646-1672.
9. François Warin, 1672-1682.
10. Joseph Roettiers, 1682-1703.
11. Norbert Roettiers, 1703-1727.
12. Joseph-Charles Roettiers, 1727-1751.
13. Charles-Norbert Roettiers, 1753-1772.
14. Pierre-Simon-Benjamin Duvivier, 1774-1791.
15. Augustin Dupré, 1791-1803.
16. Pierre-Joseph Tiolier, 1803-1816.
17. Nicolas-Pierre Tiolier, 1816-1843.
18. Jacques-Jean Barre, 1843-1855.
19. Albert Barre, 1855.

D

GRAVEURS PARTICULIERS DE LA MONNAIE DE PARIS

1. Martin Legault, 1521-1527.
2. Claude Leroy, 1527-1550.
3. Johan Beauconain père, 1550-1572.
4. Johan Beauconain fils, 1579-1626.
5. Pierre Régnier, 1626-1629.
6. Jacques Collard, 1629-1637.
7. Pierre Blaru, 1637-1656.
8. Jean-Baptiste Dufour, 1656-1673.
9. Pierre Rousseau, 1673-1679.
10. Antoine Aury, 1679-1694.
11. Joseph Roettiers, 1694-1703.
12. Georges Roettiers, 1703-1748.
13. Joseph-Charles Roettiers de la Bretèche, 1748-1759.
14. Charles-Norbert Roettiers, 1759-1772.
15. Laurent Léonard, 1772-1774.
16. François Bernier, 1774-1794.

E

GRAVEURS DE LA MONNAIE AU MOULIN

1. Johan Erondelle, 1552-1553.
2. Estienne Defranc, 1553-1553.
3. Guyot Brucher, 1553-1557.
4. Antoine Brucher, 1557-1568.
5. Alexandre Olivier, 1568-1607.
6. Pierre Régnier, 1607-1636.
7. Jean Warin, 1628-1672.
8. François Warin, 1672-1677.
L'office fut supprimé en 1677.

APPENDICE III

LES PROCÉDÉS ACTUELS DE LA FABRICATION MONÉTAIRE

Dans les opérations de la fabrication des monnaies et médailles, telles qu'elles sont aujourd'hui pratiquées dans tous les pays civilisés, par exemple à la Monnaie de Paris, il faut distinguer trois parties :

1° La préparation des flans métalliques.

2° La gravure des coins.

3° La frappe des pièces.

Pour la préparation des flans, le métal est d'abord fondu soigneusement dans une lingotière en lames allongées, d'une épaisseur déterminée et de la largeur des pièces que l'on veut obtenir. On fait ensuite passer plusieurs fois au laminoir la lame ainsi fondue, pour l'étirer davantage, lui donner une épaisseur exactement égale et la même densité dans toutes ses parties, en la faisant recuire au moins une fois pendant le cours de ces opérations, afin de rendre au métal toute sa malléabilité, diminuée par les tassements successifs.

C'est dans la lame dont je viens d'indiquer le mode de fabrication que les flans sont taillés au moyen du découpoir ou emporte-pièce, qu'un homme fait facilement agir par la force d'un levier, un seul ouvrier pouvant découper de 15 à 20,000 monnaies par jour. Une fois taillés, les flans sont pesés un à un avec le trébuchet ; ceux que l'on trouve trop légers sont mis au rebut et refondus ; ceux dont le poids présente un excédent sont ramenés au point voulu par le moyen du rabot, qui enlève une faible épaisseur de leur surface.

On les soumet ensuite aux deux opérations du cordonnage et du blanchiment. Le cordonnage a pour objet de corriger les imperfections de la tranche et de relever légèrement les bords du flan, afin d'obtenir plus aisément l'empreinte des listels et grenetis, qui lors de la frappe ne reçoivent la pression qu'en dernier lieu, puisque les coins étant toujours un peu bombés au centre, la rencontre a lieu d'abord au milieu de la pièce. Cette opération s'effectue au moyen d'un mécanisme qui saisit chaque flan par la tranche, entre deux coussinets sablés, et lui fait décrire, en le pressant fortement, un mouvement de rotation dont la course est égale aux trois quarts de sa circonférence. Le blanchiment donne aux flans d'or et d'argent ce brillant mat qui prête tant d'éclat aux espèces monnayées. Après les avoir soumis à un nouveau recuit, on les plonge dans un bain d'eau acidulée, mêlée d'acide nitrique pour l'or, d'acide sulfurique pour l'argent, et on leur y fait passer une dizaine de minutes, en les y remuant constamment. Enfin au sortir de ce bain, on les lave à deux reprises à l'eau pure, pour enlever les dernières traces d'acide qu'elles pourraient avoir conservées. Une fois séchés, après ces lavages, les flans sont prêts à être monnayés.

Pour la gravure des coins on procède de la manière suivante :

L'artiste exécute d'abord en relief un modèle en cire du type qui doit être en creux dans le coin matrice. Ce modèle une fois terminé, on en obtient une fonte, avec laquelle on opère, au moyen du tour à réduire, la reproduction du sujet sur un bloc d'acier, suivant le module que doit avoir la monnaie ou la médaille. La réduction, obtenue ainsi, est ensuite retouchée au burin par le graveur et soumise à la trempe. On a de cette manière un *poinçon*, qui sert à la fabrication du creux ou coin.

Celui-ci s'obtient à l'aide du balancier, en enfonçant l'empreinte, qui est en relief sur le poinçon, dans un nouveau bloc d'acier, où elle se trouve reproduite en creux. Ce travail est des plus délicats, nécessite beaucoup de soins et ne peut être obtenu que petit à petit, en opérant à plusieurs reprises. Lorsque le coin est complètement enfoncé, on lui donne la trempe, et il ne reste plus qu'à le monter sur le balancier de la presse à vapeur pour s'en servir dans la frappe, qui constitue la dernière des opérations du monnayage.

Le balancier n'est plus employé maintenant que pour frapper les médailles. Il consiste en une cage de fer solidement assise et portant un écrou avec une vis armée d'un des coins, qui descend sur l'autre coin formant enclume. Le coin mobile est mis en mouvement par de longs bras armés de boules pesantes, qui, garnies de cordes et tirées par huit ou douze hommes, compriment avec une grande puissance le flan que l'on veut frapper et dont la régularité est maintenue par une virole circulaire.

Pour la fabrication des monnaies on a adopté depuis 1846 la presse à vapeur inventée par Uhlhorn et perfectionnée par Thonnelier. Cette machine remplace la percussion par l'action d'un levier articulé agissant de haut en bas verticalement, et mis en mouvement par une manivelle qui reçoit l'action d'une machine à vapeur. Elle donne un monnayage mécaniquement parfait ; sa force matrice est toujours la même. Elle peut frapper, en moyenne, 2,400 pièces à l'heure. Lorsqu'il y a lieu de rejeter des pièces pour défaut d'empreinte, ce n'est que par suite de la rupture des coins ou de flans mal préparés. L'adaptation de la virole brisée à la presse de Uhlhorn, réalisée par Thonnelier, a rendu possible l'impression de légendes en relief sur la tranche.

ERRATUM

Page 114, fig. 65, légende, au lieu de SAUVEUR A L'EFFIGIE DE BRUTUS, lire AUREUS A L'EFFIGIE DE BRUTUS.

TABLE DES MATIÈRES

TABLE DES MATIÈRES.

BIBLIOTHÈQUE
DE
L'ENSEIGNEMENT
DES
BEAUX-ARTS